Bilder vom Fremden

Zur Konstruktion kultureller Stereotype im Film

von

Sibylle Groth

Tectum Verlag
Marburg 2003

Groth, Sibylle:
Bilder vom Fremden.
Zur Konstruktion kultureller Stereotype im Film.
/ von Sibylle Groth
- Marburg : Tectum Verlag, 2003
ISBN 978-3-8288-8569-1

Tectum Verlag
Marburg 2003

Inhaltsverzeichnis

1 Einleitung

„Was wäre das für eine Welt, wenn wir einem Schweizer Bankier nicht mehr trauen," sagt James Bond in der Anfangsszene von *Die Welt ist nicht genug.*

Stereotype Bilder bestimmen unseren Alltag. Wir finden sie in der Sprache, in Texten und auch in der Malerei und Graphik, in Skulpturen und Denkmälern (Roth, 1999: 27). Doch wie ist es um die Stereotype bestellt, denen wir tagtäglich in narrativen und nichtnarrativen Filmen sowie in anderen Medien begegnen? Sind sie nicht auch ein großer Bestandteil in der Reihe der verschiedenen Ausprägungen von Stereotypen?

Kulturelle Stereotype werden in der vorliegenden Arbeit als ein wesentlicher Aspekt von „Kultur" behandelt, als Teil der Werte- und Normenvorstellung, die innerhalb einer Gruppe vorherrschen[1]. Doch mehr als das: Kulturelle Stereotype sind in hohem Maße daran beteiligt, kulturelle Identitäten zu konstruieren und aufrechtzuerhalten. „Through the manic assertion of difference, the identity of Western culture and identity can be sustained."[2]

Was ist jedoch unter dem Begriff „Kultur" zu verstehen? Ist Kultur ein homogenes und stabiles Gebilde, in dem historisch überlieferte kulturelle Stereotype dazu beitragen, dieses weiterzugeben? Oder bedeutet „Kultur" das genaue Gegenteil, und sind kulturelle Stereotype historisch tradiert? Mit diesen Fragen wird sich Kapitel 2.1 auseinandersetzen. Ich gehe hierbei zunächst auf die Herkunft des Wortes und die Entwicklung seiner Bedeutung ein, um auf dieser Grundlage den Versuch der Formulierung einer eigenen Definition machen zu können. Kultur als ein nicht einheitliches, synkretistisches Gebilde zu betrachten, dient als Ausgangspunkt der vorliegenden Arbeit.

---

[1] Vgl. auch Erika Dettmar (1989): Rassismus, Vorurteile, Kommunikation: afrikanisch-europäische Begegnung in Hamburg. Dietrich Reimer Verlag: Berlin, Hamburg. S.1. Im folgenden: Dettmar (1989): Rassismus, Vorurteile, Kommunikation.

[2] David Morley; Kevin Robins (1995): Spaces of Identity, Global Media, Electronic Landscapes and Cultural Boundaries. Routledge: London, New York. S. 167. Im folgenden: Morley & Robins (1995): Spaces of Identity.

3

Auf dieser Basis ist es möglich, den Zusammenhang von kultureller Identität und kulturellen Stereotypen zu untersuchen. „Als überwiegend kulturell vermittelte Einstellungen und Vorstellungen sind sie [die Stereotype] zudem sehr oft emotional besetzt und betreffen unmittelbar die emotionale Definition des Selbst und der Anderen, also Identitäten."[3] Kapitel 2.2 setzt sich damit auseinander, wie kulturelle Identität kreiert wird und welche Rolle dabei die Stereotype in den Medien spielen. Im Gegensatz zu Smith's (1990) Annahme, die Telekommunikation würde kulturelle Unterschiede nivellieren und eine neue globale Kultur schaffen (Smith, 1990: 176), wird zu zeigen sein, daß kulturelle Stereotype dazu beitragen, sich kulturell nach „außen" abzugrenzen.[4]

Das folgende Kapitel 2.3 wird einen Einblick in die Stereotypenforschung geben. Wie entstehen Stereotype, wie wirken sie und was sind ihre Funktionen?

Doch zunächst soll eine Begriffsklärung vorgenommen werden, denn man findet in der einschlägigen Literatur ein fröhliches Durcheinander der Begriffe Vorurteil, Stereotyp, Exotismus usw. Wenn wir uns mit Stereotypen

---

[3] Klaus Roth (1999): „Bilder in den Köpfen". Stereotypen, Mythen und Identitäten aus ethnologischer Sicht. In: Valeria Heuberger et al. (Hg.) (1999): Das Bild vom Anderen. Identitäten, Mentalitäten, Mythen und Stereotypen in multiethnischen europäischen Regionen. Peter Lang GmbH: Frankfurt/Main. S. 28. Im folgenden: Roth (1999): Bilder in den Köpfen.
Zu dem Zusammenhang von Identität und Stereotypen, vgl. u. a. Suppan (1999): „Das Bild vom anderen, das Fremdbild, ebenso wie das Selbstbild entsteht also aus dem Bedürfnis von Individuen, Gruppen und Nationen, sich eine klar geordnete Welt einzurichten und sich in dieser sozial bestätigt zu sehen." Arnold Suppan (1999): Identitäten und Stereotypen in multiethnischen europäischen Regionen. In: Valeria Heuberger et al. (Hg.) (1999): Das Bild vom Anderen. Identitäten, Mentalitäten, Mythen und Stereotypen in multiethnischen europäischen Regionen. Peter Lang GmbH: Frankfurt/Main. S. 15. Im folgenden: Suppan (1999): Identitäten und Stereotypen in multiethnischen Regionen.

[4] In letzter Zeit haben wir wieder gesehen, wie aktuell das Bedürfnis zu sein scheint, sich nach „außen" abzugrenzen. Das zeigt z. B. die Debatte um die „deutsche Leitkultur" (vgl. dazu z. B. Der Tagesspiegel vm 22.-28.10.2000 oder Der Spiegel 29.10.; 2.11.; 6.11. und 9.11.2000) oder auch der Ruf nach „Reinhaltung" der deutschen Sprache und deren Schutz vor der drohenden Amerikanisierung und Anglisierung, die der damalige Innensenator Eckart Werthebach aussprach (vgl. dazu Der Tagesspiegel vom 27.1.2001).

befassen, so scheint es ebenfalls wichtig, die Natur derselben zu betrachten. Sind sie wirklich so stabil und unveränderlich, wie dies u.a. Helge Gerndt (1988) und Hermann Bausinger (1988) postulieren[5]? Oder sind sie eher von konstruiertem, erfundenem und täglich neu produziertem Charakter[6]?

Kulturelle Stereotype sind nicht zu trennen von den Bildern des „Anderen" oder des „Fremden". Wie bereits angesprochen, sind kulturelle Stereotype wesentlich daran beteiligt, sich nach „außen" abzugrenzen, um die „eigene" Identität zu kreieren. Was bedeutet nach „außen"? Wie wird das „Fremde" oder der „Andere" definiert? Kapitel 3 wird auf diese Fragen eingehen, um in einem zweiten Schritt zu beleuchten, was für eine Rolle die Figur des Fremden in der Geschichte des Films gespielt hat, woraufhin untersucht werden soll, wer in Deutschland und in Europa als der Fremde betrachtet wird. Dabei berufe ich mich auf Studien, die europaweit durchgeführt wurden, um Antworten auf diese Frage zu erhalten. Und hier knüpft die eigene empirische Untersuchung an, aus der unter anderem erfahren werden sollte, ob sich die Ergebnisse der genannten Studien bestätigen. Das Hauptaugenmerk war bei dieser Umfrage jedoch auf Filme gerichtet, die von den befragten Personen als durch kulturelle Eigenschaften und Verhaltensmerkmale geprägt befunden wurden. Ziel der Untersuchung war es herauszufinden, ob die befragten Personen, nämlich Studenten der FU Berlin (auf die Auswahl der Personengruppe wird in Kapitel 4 näher eingegangen), die kulturellen Zuschreibungen als solche erkennen und ob eventuelle Übereinstimmungen bei den genannten Filmen festzustellen sind sowie die Einschätzung zu erhalten, in welchem Maße fünf vorgegebene Filme von den jeweiligen kulturellen Eigenschaften geprägt sind.

Ich erachte jedoch bei einer Analyse kultureller Stereotype im Film nicht nur die individuelle Wahrnehmung (die der befragten Personen) für relevant, sondern bin auch der Meinung, daß der wirtschaftliche und politische

---

[5]   Helge Gerndt (1988): Zur kulturwissenschaftlichen Stereotypenforschung. S.11. Sowie: Hermann Bausinger (1988): Name und Stereotyp. S.13. In: Helge Gerndt (Hg.) (1988): Stereotypenvorstellungen im Alltagsleben. Beiträge zum Themenkreis Fremdbilder-Selbstbilder-Identität. Münchener Vereinigung für Volkskunde: München.

[6]   Vgl. dazu Dettmar (1989): Rassismus, Vorurteile, Kommunikation. S. 1.

Aspekt ein gleichermaßen bedeutender Faktor im Transportieren von Stereotypen sind. Damit sind der Filmmarkt gemeint, die Produktionsbedingungen von Filmen und die allgemeine Medienlandschaft, die ebenfalls in engem Zusammenhang mit der Konstruktion von kulturellen Stereotypen im Film stehen und deren Einfluß in diesem Kontext nicht übersehen werden darf. Kapitel 5 wird sich aus wirtschaftsanthropologischer Sicht mit diesem Thema beschäftigen und versuchen herauszuarbeiten, in welchem Umfang der Medienmarkt die Weitertragung kultureller Stereotype beeinflußt.

Die Wirkung der Stereotype auf den Zuschauer ist Gegenstand des 6. Kapitels. Hierin wird zunächst allgemein auf die Wahrnehmung von Film von seiten des Zuschauers eingegangen, um einen Einblick in die kognitiven Aktivitäten des Rezipienten zu erhalten, die für das Verstehen von Film nötig sind. Gleichzeitig wird untersucht, welche Rolle Narrationen im Alltag spielen. Es soll gezeigt werden, daß Narrationen eine grundlegende Art und Weise sind, Daten zu verarbeiten. Auf dieser Basis kann der Frage nachgegangen werden, inwieweit der Zuschauer durch Filme beeinflußt wird. Ist die Macht der Medien generell überbewertet oder tragen Filme dazu bei, Meinungen und Vorstellungen zu konstruieren?

In Kapitel 7 sollen kulturelle Stereotype im Film analysiert werden. Mit welchen Mitteln werden sie transportiert und welche Arten der Fremddarstellung gibt es? Interessant ist auch, ob z. B. bestimmte Erzählmuster und Genres bereits einen stereotypen Charakter aufweisen. Auf die systematische Untersuchung der Darstellungsmittel und der verschiedenen Fremdheitsmuster erfolgt die exemplarische Analyse des Films *Nicht ohne meine Tochter*, die den Einsatz der zuvor besprochenen Mittel verdeutlichen soll.

Der Schluß wird die Ergebnisse der Arbeit noch einmal zusammenfassen und einen Ausblick auf die weitere Forschung geben.

2 Stereotype und kulturelle Identität

In dem folgenden Kapitel soll der Zusammenhang zwischen kulturellen Stereotypen und der Konstruktion kultureller Identität untersucht werden. Stereotype werden dabei als eine wesentliche Voraussetzung für die Bildung kultureller Identität betrachtet. Zunächst wird jedoch das Konzept von Kultur, das den Rahmen für die Betrachtung kultureller Stereotype bildet, näher beleuchtet.

2.1 Ein wandelbarer Begriff: Kultur

Im Gegensatz zu den meisten anderen Begriffen aus der Polit- und Wissenschaftssprache, die uns im alltäglichen Sprachgebrauch begegnen und die aus dem Griechischen kommen, stammt der Begriff „Kultur" von dem lateinischen Wort colere ab, das im landwirtschaftlichen Sinne besorgen, pflegen, bebauen bedeutet.[7] Bis heute hat sich die landwirtschaftliche Bedeutung des Wortes Kultur in der deutschen Sprache erhalten.

Viele Bedeutungen sind seitdem dem Begriff der Kultur zusätzlich beigemessen worden. Schon 1952 haben Kroeber & Kluckhohn mehr als 100 Definitionen von Kultur vergleichend zusammengestellt (vgl. Layes, 2000: 17). Seit dem 19. Jahrhundert befassen sich Anthropologen, Historiker, Theologen und andere Gelehrte auf unterschiedlichste Weise und mit genauso verschiedenen Zielen und Interessen mit dem Begriff Kultur, so daß wir ebenso viele Definitionen wie Autoren finden.

Der Evolutionismus des 19. Jahrhunderts betrachtet die unilineare Entwicklung der Kulturen von primitiven zu komplexen Gesellschaften als ein generelles menschliches Phänomen. Morgan (1877) und Tylor (1871) nehmen dabei an, daß sich das menschliche Denken auf der ganzen Welt ähnelt, also eine psychische Einheit der Menschheit besteht. Kultur wird in dieser Theorierichtung häufig mit Zivilisation gleichgesetzt, wie eine der

---

[7] Zu der sprachlichen Entwicklung des Wortes und seiner Bedeutung, vgl. Johannes Irmscher (1996): Der Begriff der Kultur - Ursprünge und Entwicklung. Sitzungsberichte der Leibniz-Sozietät, Bd.10. Heft 1/2. Leibniz-Sozietät e.V. - Velten: Becker. Berlin.

meist zitierten Definitionen Tylors zeigt: „Culture or civilization, taken in its wide ethnographic sense, is that complex whole which includes knowledge, belief, art, morals, law, custom, and any other capabilities and habits acquired by man as a member of society."[8]

Durkheim (1895) stellt die Theorie auf, daß die Gesellschaft aufgrund eines kollektiven Bewußtseins zusammengehalten wird. Dieses bestehe aus einem gemeinsamen System geteilter Normen, Werte und Vorstellungen und geht über das einzelne Individuum hinaus: „It is to be found in each part because it exists in the whole, rather than in the whole because it exists in the parts"[9] Da die Menschen in den Kontext des kollektiven Bewußtseins hineingeboren werden, sind, so Durkheim, ihre Werte und Normen sowie ihr Verhalten von diesem bestimmt.

Im Strukturalismus, eng verbunden mit den Theorien Claude Lévy-Strauss' (1963), wird eine grundsätzliche Opposition zwischen Kultur und Natur festgestellt. Kultur ist demnach - wie auch die Sprache - ein System arbiträrer Symbole, die ihre Bedeutung nur durch ihr Zusammenfügen nach bestimmten Regeln erhalten. Kulturelle Phänomene sind dann das Produkt eines universellen Denkmusters.[10]

Kognitive Strukturen und das menschliche Denken sind Gegenstand der kognitiven Anthropologie. Demzufolge besteht Kultur aus mentalen Strukturen bzw. ist sie ein mentales Konstrukt, das hauptsächlich über die Sprache untersucht werden kann. Daß hier Kultur nicht mehr als ein einheitliches Phänomen betrachtet wird, unterscheidet diese Richtung von vielen traditionellen Ansätzen, macht aber auch, wie Kritiker beanstanden, einen Vergleich zwischen den Kulturen unmöglich.

---

[8] Sir Edward Burnett Tylor (1871): The Science of Culture. In: R. Jon McGee; Richard L. Warms (1996): Anthropological Theory. An Introductory History. Mayfield Publishing Company: Mountainview (California), London, Toronto. S. 26. Im folgenden: McGee & Warms (1996): Anthropological Theory.

[9] Émile Durkheim (1895): What Is a Social Fact. In: McGee & Warms (1996): Anthropological Theory. S. 89.

[10] Vgl. Claude Lévi-Strauss (1963): Structural Analysis in Linguistics and in Anthropology. In: McGee & Warms (1996): Anthropological Theory.

Die Soziobiologie betrachtet den Menschen als einen biologischen Organismus und konzentriert sich auf die genetische Komponente des menschlichen Verhaltens. Hierbei wird betont, daß eine Beziehung zwischen den Genen, der Kultur und der Umwelt besteht, d.h., daß sich die Menschen durch die Kultur und durch biologische Faktoren an ihre Umwelt anpassen.

Andere Anthropologen wie Clifford Geertz (1973) und Victor Turner (1967) nehmen an, daß Kultur nicht außerhalb der Individuen existiert, sondern eher in ihren Interpretationen von Geschehnissen, die um sie herum passieren, liegen, d.h., daß wir unsere kulturelle Realität selber kreieren: „Ich meine mit Max Weber, daß der Mensch ein Wesen ist, das in selbstgesponnene Bedeutungsgewebe verstrickt ist, wobei ich Kultur als dieses Gewebe ansehe."[11] Geertz geht jedoch davon aus, daß Kultur nicht innerhalb der Köpfe der Menschen bestehe, sondern in den öffentlichen Symbolen und Aktionen dargestellt sei.

Justin Stagl (1993) definiert Kultur als „...das Insgesamt der in Auseinandersetzungen mit der Welt erbrachten menschlichen Leistungen."[12] Er unterscheidet die drei Hauptkategorien Sachkultur, Symbolkultur und soziale Kultur und setzt diese in Opposition zu Natur. Im Gegensatz zu den situationsimmanenten Gesellschaften seien Kulturen situationstranszendent, d.h., daß sie nur die Auffassungen ihrer Träger vom Weltganzen ausdrükken. Gesellschaft und Kultur seien unmittelbar miteinander verbunden. Diesen Aspekt von Kultur bezeichnet Stagl als „relativ"[13] absolut, d.h. Kulturen existieren und weisen zugleich über sich hinaus.

Dieser kurze historische Überblick zeigt, wie vielschichtig das Konzept von Kultur behandelt wurde und wird.

---

[11] Clifford Geertz (1983): Dichte Beschreibung. Beiträge zum Verstehen kultureller Systeme. Suhrkamp Taschenbuch: Frankfurt/Main. S. 9.

[12] Justin Stagl (1993): Der Kreislauf der Kultur. In: Wolfdietrich Schmied-Kowarzik; Dirk Stederoth (Hg.) (1993): Kultur-Theorien. Annäherung an die Vielschichtigkeit von Begriff und Phänomen der Kultur. Kasseler Philosophische Schriften: Kassel. S. 12.

[13] Ebd. S.15.

Elwert (1996: 53f) faßt die Flut der Kulturdefinitionen in drei erwähnenswerten Kategorien zusammen: Zum einen wird Kultur als Pendant zu den genetischen Informationen betrachtet, also als Informationen, die durch Tradieren weitergegeben werden und innovativ sind.

Zweitens behandelt man Kultur als den Bereich, der nicht unter die Rubriken Recht, Politik und Wirtschaft fällt, als „Restkategorie"[14]. Dies können Moral, Religion, Künste, Sprache oder Symbolsysteme sein. Oft dienen sie der Selbstreferenz, dem Bedürfnis nach Abgrenzung, und sind damit stark emotional besetzt. Ebenso können dies vorbewußte Orientierungsmuster oder „Weltbilder"[15] wie z. B. Stereotype sein, die es erleichtern, wahrgenommene Informationen und Daten zu verarbeiten und zu strukturieren. Man geht also davon aus, daß der Mensch dazu in der Lage ist, „...die Welt und seine Position in der Welt mit spezifischen Bedeutungen zu belegen und dadurch sinnhafte Strukturen zu schaffen."[16]

Zum dritten wird Kultur als der Bereich einer Gesellschaft gesehen, der sich durch seinen Synkretismus[17], seine innovative Kraft, auszeichnet. Ayse Çaglar (1990) zeigt in ihrer Studie über Türken in Deutschland, daß Kultur

---

[14] Georg Elwert (1996): Kulturbegriffe und Entwicklungspolitik - über „soziokulturelle Bedingungen der Entwicklung". In: Georg Elwert; Jürgen Jensen; Ivan R. Kortt (1996): Kulturen und Innovationen. Festschrift für Wolfgang Rudolph. Dunker & Humblot: Berlin. S. 53. Im folgenden: Elwert (1996): Kulturbegriffe und Entwicklungspolitik.

[15] Uwe Simson (1994): Weltbilder als Entwicklungsdeterminanten. In: Sociologus, Nr. 2. S. 99. Simson versucht zu zeigen, daß die Weltbilder einer Kultur ihre Entwicklung bestimmen. Jedoch kann ich seinem Verständnis des islamischen Weltbildes, das von einer „großen Geschlossenheit und Integrationskraft" zeuge (S. 108), nicht zustimmen.

[16] Gabriel Layes (2000): Grundformen des Fremderlebens. Eine Analyse von Handlungsorientierungen in der interkulturellen Interaktion. Waxmann: Münster, New York, München, Berlin. S. 18. Im folgenden: Layes (2000): Grundformen des Fremderlebens.

[17] Synkretismus wird in Der Neue Brockhaus als „Verschmelzung, Verquickung verschiedener philosophischer Lehren, Kulte, Religionen usw." definiert. Der Neue Brockhaus (1962) Wiesbaden. Bd. 5. S. 185.

nicht als ein homogenes Ganzes betrachtet werden kann[18], „...denn eine solche Geschlossenheit hat niemals und in keiner Gesellschaft existiert"[19] und ebensowenig mit Ethnizität eng verbunden ist, was bedeuten würde, daß jede ethnische Gruppe ihre eigene Kultur besäße[20]. Vielmehr ist Kultur das neue Zusammensetzen verschiedener Elemente zu einheitlichen Bezugsgrößen und hat somit einen synkretistischen Charakter.[21] Elwert fügt dem hinzu: „Kultur ist gesellschaftlich organisierter Synkretismus, welcher paradoxerweise zur Selbstverortung genutzt wird."[22] Dabei kann Kultur nicht als ein System, das sich durch seine Geschlossenheit auszeichnet, beschrieben werden, sondern eher als eine offene, dynamische, sich verändernde Struktur.

Die Verschmelzung verschiedener kultureller Elemente wurde und wird auch häufig mißinterpretiert als eine Entwicklung hin zu einer globalen Kultur. Smolicz (1998) nimmt z. B. an, daß die Teilnahme an verschiedenen Kulturen und das Erlangen unterschiedlicher kultureller Kompetenzen

---

[18] Kultur als ein zusammenhängendes Ganzes zu betrachten, steht in einer langen Tradition und wird auch noch heute als charakteristisch für Kultur betrachtet wie z.B. bei Stefanie Lang (1997:3).

[19] Marc Augé (1995): Krise der Identität oder Krise des Andersseins? Die Beziehung zum Anderen in Europa. In: Wolfgang Kaschuba (Hg.) (1995): Kulturen-Identitäten-Diskurse: Perspektiven europäischer Ethnologie. Akademie Verlag GmbH: Berlin. S. 90. Im folgenden: Augé (1995): Krise der Identität oder Krise des Andersseins?

[20] Ferner kritisiert sie das Konzept der multikulturellen Gesellschaft (im Gegensatz zu z. B. Smolicz, 1998), das oft mit multi-ethnischer Gesellschaft gleichgesetzt wird, wobei jede ethnische Gruppe das Recht auf ihre eigene Kultur hat. Doch ist es das Wesen einer Gesellschaft, aus verschiedenen Gruppen, die allerdings nicht auch ethnische Gruppen sein müssen, mit ihrer jeweiligen Kultur zu bestehen. Multikulturalismus kann daher nicht ein differenzierender Faktor für eine Gesellschaft sein. Vgl. Ayse Çaglar (1990): The Prison House of Culture in the Studies of Turks in Germany. Sozialanthropologisches Arbeitspapier Nr. 31. Das Arabische Buch: Berlin. S. 19.

[21] Auf diese kreative und innovative Eigenschaft von Kultur sind in letzter Zeit zunehmend Autoren eingegangen: vgl. Appadurai (1990: 295), der dies als Indigenisierung bezeichnet, oder auch Bausinger (1995: 239), der den Begriff Kreolisierung von Hannerz (1992) übernimmt. Cvetkovich & Kellner (1997: 10) sprechen von einer zunehmenden Hybridisierung von Kultur.

[22] Elwert (1996): Kulturbegriffe und Entwicklungspolitik. S. 57.

von Menschen innerhalb einer Gesellschaft eine Entwicklung zum Universalismus bedeutet (Smolicz, 1998: 274).

Und auch Stagl (1993) sieht die Möglichkeit der Abzeichnung einer „Weltkultur", die bereits durch die Kultursynthese der Ökumenen und die Universalreligionen vorweggenommen wurde. Durch die Globalisierung der wissenschaftlich-industriellen Zivilisation könne eine „Repräsentativkultur der Menschheit" entstehen (Stagl, 1993: 30).

Auf das Wesen der neuen globalen Kultur geht Smith (1990) in seinem Aufsatz „Towards a Global Culture" ein. Er schreibt darin, daß durch das Herausbilden von Lingua Franca, die Mischung der Kulturen und sogenannten Pan-Nationalismen bereits Kulturfamilien entstanden, wir aber weit von dem Ideal einer globalen Kultur entfernt seien (Smith, 1990: 188).

Roland Axtman (1997) stellt jedoch fest, daß weder die wirtschaftliche noch die kulturelle Globalisierung zu einer Homogenisierung führe, sondern zu heterogenen Formen und einem System strukturierter Ungleichheit (Axtman, 1997: 34).

Im Gegensatz zu den erwähnten Globalisierungstheorien bin ich der Meinung, daß die synkretistischen Eigenschaften von Kulturen nicht zu einer Globalisierung von Kultur beitragen. Vielmehr dient der nichtgeschlossene, innovative Bereich der, wie es Elwert formuliert, „Selbstverortung", dem Bedürfnis nach Abgrenzung, dem Kreieren von Identitäten (Elwert, 1996: 57). Dieser kreative Teil von Kultur bezieht sich dabei nicht nur auf materielle Strukturen, wie Çaglar (1995) anhand des Beispiels des Döner Kebap zeigt, der in der uns bekannten Form eine Berliner Neuschöpfung ist, sondern auch auf Ideologien und Orientierungsmuster wie z. B. kulturelle Stereotype.

Wenn Kultur also einen dynamischen und synkretistischen Charakter hat - Wierlacher (1993) begreift Kultur demnach als ein „sich wandelndes, auf Austausch angelegtes, kohärentes, aber nicht widerspruchsfreies und insofern offenes Regel-, Hypothesen- und Geltungssystem, das sichtbare und unsichtbare Phänomene einschließt"[23] -, so steht dies im Gegensatz zu der häufig erwähnten Stabilität kultureller Stereotype, die hier als einen Teil von Kultur betrachtet werden. Demnach ist zu untersuchen, ob kulturelle Stereotype wirklich so unveränderlich sind. Ich gehe im Gegenteil davon aus, daß sie ständig neu konstruiert werden können und somit ebenfalls dynamische Eigenschaften besitzen. Darauf werde ich in Kapitel 2.3 zurückkommen, doch soll zuvor untersucht werden, welcher Zusammenhang zwischen Stereotypen und kulturellen Identitäten besteht, denn die Orientierungsmuster sind, wie wir gesehen haben, in hohem Maße emotional besetzt.

2.2 Kulturelle Identität

Im folgenden Kapitel werde ich zunächst auf den Zusammenhang zwischen kulturellen Stereotypen und der Bildung von Identität eingehen, danach einen Überblick über die Ethnizitätsforschung geben, um zuletzt die Eigenschaften von Identitäten sowie die Entstehung individueller Identitäten zu betrachten.

Wie bereits aufgezeigt, hat Kultur einen synkretistischen Charakter. Verschiedene Elemente können dabei zu einem offenbar „homogenem" Ganzen zusammengefügt werden. Jedoch dadurch, daß Kultur immer die Bedeutungssysteme spezifischer Personen oder Personengruppen beschreibt, verweist sie auch auf die Möglichkeit, die Kategorie des „Fremden" auszubilden als dasjenige, was aus der eigenkulturellen Perspektive nicht oder nur inadäquat verstanden werden kann. Layes (2000) bezeichnet daher Kultur als „eine Bedingung für das Erleben von Fremdheit."[24]

Für die Bildung von kulturellen Identitäten sind demzufolge das Fremderleben und der soziale Kontakt eine fundamentale Voraussetzung. Kulturelle Identität ist somit immer ein relationales Konstrukt, eine Abgrenzung gegen kulturell anders wahrgenommene Gruppen (Roosens, 1989: 19). Es

---

[23] Alois Wierlacher (1993): Kulturthema Fremdheit. Leitbegriffe und Problemfelder kulturwissenschaftlicher Fremdheitsforschung. Iudicium Verlag GmbH: München. S. 45. Im folgenden: Wierlacher (1993): Kulturthema Fremdheit.

[24] Layes (2000): Grundformen des Fremderlebens. S. 20.

werden dabei Kategorien zwischen, wie Eriksen es nennt, „us" und „them" angewandt (Eriksen, 1993: 18ff).

Hierbei wird oft übersehen, daß Stereotype in der Bildung von Kategorien eine entscheidende Rolle spielen. Die Kriterien, die zur Abgrenzung verwendet werden, können also Sprache, Religion, Abstammung, Wirtschaftssystem, Traditionen, Mythen, aber auch Stereotype, Musik, Ernährung, Namensgebung, Umgangsformen usw. sein (vgl. u.a. Lang, 1997: 5; Orywal & Hackstein, 1993: 599). Suppan (1999) stellt fest, daß sich Individuen, Gruppen und Nationen bei der Entstehung von Fremd- sowie Selbstbildern „gedanklich gebildeter Stereotypen, Auto- wie Heterostereotypen, als Bewertungsmaßstäbe"[25] bedienen. Dies kann auf der politischen Ebene soweit gehen, daß die von politischen Führern konstruierten Stereotype zum wirtschaftlichen und kulturellen Krieg mit anderen Gruppen bis hin zum Genozid führen (Roosens, 1989: 18).

Hall (1990) kommt dabei sogar zu dem Schluß: „Identity is always a structured representation which only achieves its positive through the narrow eye of the negative. It has to go through the eye of the needle of the other before it can construct itself."[26] Ich hingegen gehe nicht davon aus, daß die Konstruktion eines Selbstbildes immer ein negatives Gegenüber erfordert. Wie könnten sonst existierende positive Heterostereotype erklärt werden?

Wie ist jedoch der Begriff der Ethnizität und damit verbunden der der kulturellen Identität entstanden und wie ist er weiterentwickelt worden?

Aufgekommen ist der Begriff Ethnizität in den 50er und 60er Jahren, der das Phänomen des Entstehens und Weiterbestehens ethnischer Identitäten beschreiben sollte. Zunächst hatte sich ein essentialistisches Verständnis von Ethnien etabliert. Die untersuchten Gruppen wurden anhand objektiver Merkmale klassifiziert, ohne dem Fokus der Akteure Bedeutung beizumes-

---

[25] Suppan (1999): Identitäten und Stereotypen in multiethnischen Regionen. S. 15.

[26] Stuart Hall (1991): The Local and the Global: Globalization and Ethnicity. In: Anthony D. King (Hg.) (1991): Culture, Globalization and the World System. Contemporary Conditions for the Representation of Identity. Macmillan Education Ltd.: London. S. 21. Im folgenden: Hall (1991): The Local and the Global.

sen. Schwierigkeiten ergaben sich jedoch durch die Fülle der Kriterien und die Unmöglichkeit, diese zu Merkmalen zusammenzufassen, was zu einer verwirrenden Vielfalt in der Terminologie (z.B. Sprach-, Abstammungs-, Religionsgruppen usw.) führte. Zudem konnte diese Theorierichtung nicht erklären, wie Identitäten ausgehandelt werden und wie diese sich in veränderndem sozialen Kontakt wandeln können (Eriksen, 1993: 21).

Ein entscheidendes Umdenken innerhalb der Anthropologie erfolgte aufgrund der Theorien von Fredrik Barth (1969). Sein Augenmerk war auf das Entstehen und Weiterbestehen der ethnischen Grenzen gerichtet und nicht mehr auf die Untersuchung objektiver Merkmale sozialer Gruppen. Barth bezieht in seine Betrachtungen die Akteure mit ein: „The features that are taken into account are not the sum of ‚objective' differences, but only those which the actors themselves regard as significant"[27] und betont, daß sich Identitäten aus dem Interaktionsprozeß heraus bilden: „Ethnic distinctions do not depend on an absence of social interaction and acceptance, but are quite the contrary often the very foundations on which embracing social systems are built."[28]

Danach hat sich auf der Grundlage von Barths Überlegungen in den 70er Jahren eine Diskussion entwickelt, die von Vertretern zweier Richtungen geführt wurde. Zum einen waren dies die Primordialisten, die davon ausgingen, daß die Merkmale einer Gruppe, wie z. B. Sprache, Religion und Abstammung, die in frühester Kindheit erworben werden, deren Mitglieder verbindet und sich daraus ein entsprechendes Gruppenselbstverständnis entwickelt. Ethnische Gruppen wurden in dieser Richtung als relativ stabile und klar abgegrenzte Einheiten betrachtet. Demgegenüber standen die Situationalisten, die annahmen, daß das Zurückgreifen auf gemeinsame Merkmale von der jeweiligen Situation abhänge, in der sich die Gruppenmitglieder zum Zeitpunkt des Grenzenaushandelns befinden.

---

[27] Fredrik Barth (1969): Introduction. In: ders. (Hg.) (1969): Ethnic groups and boundaries. The social organization of culture difference. Johansen & Nielsen Boktrykkeri: Oslo. S. 14.
[28] Ebd., S. 10.

Orywal & Hackstein (1993) meinen, daß die Diskussionsgegensätze in der heutigen Forschung in einer Synthese aufgelöst seien (Orywal & Hackstein, 1993: 596). Auch primordiale Merkmale würden kontextabhängig selektiert und seien damit ebenfalls Bestandteil der ethnischen Grenzziehungen. Sie definieren ethnische Gruppen daher folgendermaßen: „Ethnische Gruppen sind endogame Gruppen, die mittels selektierter Traditionen ein sie abgrenzendes Selbstverständnis postulieren."[29] Mit der Einführung des Begriffes der Endogamie glauben sie ethnische Gruppen von anderen sozialen Gruppen wie z. B. Vereine, Parteien und Interessensgruppen abgrenzen zu können.

Elwert (1989) jedoch bezweifelt die Nützlichkeit einer klaren Grenzziehung zwischen ethnischen und anderen Gruppen, da diese meist von gleichen oder ähnlichen Motiven geleitet sind, und bezeichnet daher die Gesamtheit der Bildungsprozesse als Wir-Gruppen-Prozesse (Elwert, 1989: 29). Sein Fokus liegt bei einer Definition ethnischer Gruppen eher auf dem formalen Akt des Grenzziehens als solchem (Elwert, 1989: 19). Jedoch stellt er auch fest, daß Ethnien keineswegs das natürliche Organisationsmuster aller nicht in Nationen zusammengefaßt lebenden Menschen sind. Vielmehr zeigt er anhand von Beispielen aus Afrika und Deutschland, daß die Postulierung von Ethnien eine Fiktion bzw. ein Konstrukt zu sein scheint.

Seit den 80er Jahren hat man sich zunehmend mit dem Zusammenhang von kultureller und nationaler Identität sowie der Problematik der Staats- und Nationenbildung[30] beschäftigt. Dabei wird Nation definiert als „...eine soziale Organisation, welche überzeitlichen Charakter beansprucht, von der Mehrheit ihrer Mitglieder als (imaginierte) Gemeinschaft behandelt wird

---

[29] Erwin Orywal; Katharina Hackstein (1993): Ethnizität: Die Konstruktion ethnischer Wirklichkeiten. In: Thomas Schweizer; Margarete Schweizer; Waltraud Kokot (Hg.) (1993): Handbuch der Ethnologie. Dietrich Reimer Verlag: Berlin. S. 598.

[30] Zu dem Konstruktionscharakter von Nationen, vgl. Benedict Anderson (1998). Für einen Überblick über die Bildung und Entstehung der verschiedenen Nationalkonzepte vor zweihundert Jahren, vgl. Petrus Han (2000: 102-115).

und sich auf einen gemeinsamen Staatsapparat bezieht."[31] Nationale Identität wird nun als der Versuch verstanden, kollektive Identität auf der Grundlage einer Kombination von primordialen - historischen, territorialen, sprachlichen, ethnischen - Faktoren oder Symbolen und politischen Grenzen herzustellen (Eisenstadt, 1991: 21). Als Idealmodell eines Nationalstaates sieht Eisenstadt Japan an, da hier der Staat immer mit der japanischen Kollektividentität, mit der japanischen Nation oder mit der bloßen ethnischen Gemeinschaft deckungsgleich gewesen sei (Eisenstadt, 1991: 35). Er übersieht allerdings, daß ein Staat nie ein homogenes Gebilde sein kann und es sehr problematisch ist, von einer Übereinstimmung der territorialen und ethnischen Grenzen zu sprechen. Meist wird zudem kulturelle, ethnische und nationale Identität verwechselt.

In seinem Artikel „The Local and the Global" vertritt Stuart Hall (1991) die Ansicht, daß die Beziehung zwischen Nationalstaat und nationaler kultureller Identität zu schwinden beginne (Hall, 1991: 22) - im Gegensatz zu Wallerstein (1991) und Hannerz (1991), die den Nationalstaat als Hauptvermittler und Prisma in dem Prozeß der Konstruktion kultureller Identitäten betrachten. Hall sieht eine Schwächung der Nationalstaaten im Zuge der Globalisierung voraus, wodurch „...a regression to a very defensive and highly dangerous form of national identity which is driven by a very aggressive form of racism..."[32] festzustellen wäre. Auch wenn die Zeit der Globalisierung meiner Meinung nach nicht durch einen Verfall der Nationalstaaten gekennzeichnet ist, so kann man doch von einer erneuten Zunahme nationalistischer Bewegungen und Gruppierungen in der jüngsten Vergangenheit sprechen.[33]

---

[31] Georg Elwert (1989): Nationalismus und Ethnizität. Über die Bildung von Wir-Gruppen. Verlag Das Arabische Buch: Berlin. S. 21. Im folgenden: Elwert (1989): Nationalismus und Ethnizität.

[32] Hall (1991): The Local and the Global. S. 26.

[33] Daß jedoch die Konstruktion einer Gruppe nicht immer von Vorteil für all ihre Mitglieder sein muß, zeigt z. B. Frances White (1990) in ihrem Artikel „Africa on my Mind: Gender, Counter Discourse and African-American Nationalsim", in dem sie beschreibt, wie nationalistische Gruppen durch die Vorgabe bestimmter „traditioneller" Normen und Werte auch oppressiv gegen Mitglieder der eigenen Gruppe wirken können, in diesem Fall gegen Frauen.

Axtman (1997) sieht den Nationalismus als dominante politische Kraft, weil er zum einen eingebettet sei in Veränderungen in den interstaatlichen Systemen, zum anderen, weil das Entstehen regionaler Blöcke, wie die Europäische Gemeinschaft, es den „kleinen" Staaten ermögliche, sich als unabhängige Staaten in einem „größeren" Europa wahrzunehmen. Hinzu komme, daß die Umstrukturierung der globalen Wirtschaft es hochtechnologisierten Staaten wie Singapur vereinfache zu überleben, da der Raum an wirtschaftlicher Bedeutung verliert. Letztlich hätten zunehmende Deindustrialisierung, Arbeitslosigkeit, ansteigende Preise und sinkende Lebensstandards bei den Menschen das Bedürfnis nach Schutz und Sicherheit erhöht. Globalisierung, kommt Axtman zu dem Schluß, führe demnach zum Wiederaufleben von Nationalismus (Axtman, 1997: 45).

Auch Schiffauer (1995) zeigt in seinem interessanten Artikel „Europäische Ängste - Metaphern und Phantasmen im Diskurs der Neuen Rechten in Europa", wie europäische Ängste von rechtsgerichteten Parteien dazu verwendet werden, sie in Ängste vor dem Fremden zu kanalisieren.

Bei der Bildung von Identität sind uns aber das, was uns fremd, sowie auch das, was uns nah erscheint, wesentliche Abgrenzungs- oder Bezugspunkte. Identität vereint dabei sowohl individuelle als auch kollektive Formen der Wahrnehmung von Wirklichkeit. „Jegliche kollektive Identität definiert sich zuerst im Gegensatz zum anderen, so wie sich jede individuelle Identität über die Beziehung zum anderen bestimmt."[34] Demzufolge ist jede Identität durch das Doppelgefühl der Unterschiedlichkeit und der Übereinstimmung, dem „doubleness of discourse"[35], geprägt.

Identität bietet also dem Individuum Orientierungshilfen (Hall, 1991: 43), indem sie die Kategorien des Eigenen und des Fremden in ein Verhältnis zueinander bringt (Erdheim, 1993: 87). Das Selbst und damit seine Identität ist nicht etwas Gegebenes, sondern entwickelt sich und ist das Resultat

---

[34] Marc Augé (1995): Krise der Identität oder Krise des Andersseins? S. 92.
[35] Hall (1991): The Local and the Global. S. 48.

der sozialen Erlebnisse[36], wie Hall feststellt: „Identity was learnt."[37] Daher sind Identitäten niemals vollendet oder abgeschlossen, sie befinden sich immer in einem Prozeß (Hall, 1991: 47).

Mead (1991) betont bei dem Prozeß der Identitätsbildung die Rolle der Sprache und der Kommunikation. Er unterscheidet bei seiner Identitätstheorie zwischen dem „me" und dem „I", wobei das „I" die Reaktion, die Antwort des Individuums auf die Haltung anderer, und das „me" das organisierte Set der Haltungen von außen ist, die das Selbst ausmachen (Mead, 1991: 218). „Me" beinhaltet also die internalisierten Rollenerwartungen gegenüber anderen und sich selbst. Das „I" stellt das subjektive Gefühl von Freiheit, Kreativität und Initiative dar, das das Individuum im selbstbewußten Handeln den Haltungen anderer entgegensetzt. Da das Selbst ein sehr komplexes Gebilde mit vielen verschiedenen Aspekten ist, könne man nach Mead von einer Reihe von Identitäten sprechen.

So definiert sich eine Person nicht nur über seine Kultur, sondern auch nach Geschlecht, Berufsgruppe, Alter usw. Zudem kann sie gleichzeitig an verschiedenen Kulturen oder Subkulturen partizipieren (Layes, 2000: 19). Abhängig von der Situation kann eine Person ihre Identität unterschiedlich definieren und sich sogar, je nach dem aktivierten Identitätsanteil, verschieden verhalten oder unterschiedliche Einstellungen vertreten (vgl. Roosens, 1989: 16; Eriksen, 1993: 20; Layes, 2000: 19).

Es sollte gezeigt werden, daß bei der Betrachtung von kultureller Identität nicht der Inhalt ethnischer Gruppen definitionsrelevant ist, sondern daß der Fokus auf dem Aushandeln, dem Entstehen und Weiterbestehen kollektiver Grenzen liegen sollte. Die Grenzen werden hierbei aber nicht als Abwehrlinien verstanden, sondern als Brücken zwischen Identitäten. Diese Identitä-

---

[36] Zu der Identität von Migranten, der Erfindung des Selbst und der eigenen Herkunft in der amerikanischen Immigrantenliteratur, vgl. Azade Seyhan (1996): Ethnic Selves / Ethnic Signs. Invention of Self, Space, and Genealogy in Immigrant Writing. In: V. Daniel; J. Peck (Hg.) (1996): Culture / Contexture. University of California Press. Sowie: Keya Ganguli (1992): Migrant Identities: Personal Memory and the Construction of Selfhood. In: Cultural Studies. Bd. 6. Nr. 1. Im folgenden: Ganguli (1992): Migrant Identities.

[37] Hall (1991): The Local and the Global. S. 55.

ten werden im Zeitalter der Globalisierung in voller Wahrnehmung der restlichen Welt konstruiert (Axtman, 1997: 39), zum einen durch globalen Tourismus und Migration, zum anderen durch globale Netzwerke der Massenkommunikation und Filmindustrie. So nimmt der „Andere" oder der „Fremde" im Aushandeln von Identitäten einen wesentlichen Stellenwert ein.

2.3 Stereotype, Vorurteile, Klischees, Exotismus und Ethnozentrismus

Da der Begriff des Stereotyps weder in der Alltagssprache noch in den Wissenschaften einheitlich verstanden wird, möchte ich mich im folgenden Kapitel der Stereotypenforschung zuwenden. Der Begriff wird in der einschlägigen Literatur häufig mit anderen Phänomenen wie Vorurteile, Klischees, Exotismus und Ethnozentrismus gleichgesetzt oder verwechselt. Daher gilt es zunächst, das Stereotyp gegen die genannten Begriffe abzugrenzen, um daraufhin einen Überblick über die verschiedenen Erklärungsansätze zur Genese des Stereotyps sowie seine Funktionen und Wirkungsweisen zu geben.

Stereotyp und Vorurteil

Ursprünglich eine bestimmte Drucktechnik bezeichnend, verwandte erstmalig der amerikanische Journalist Walter Lippmann in seiner 1922 erschienenen Monographie „The public opinion" das Wort Stereotyp in einem sozialwissenschaftlichen Zusammenhang, um damit die fiktiven „Bilder in unseren Köpfen" von sozialen Gruppen (Lippmann, 1964) zu umschreiben. Er umreißt mit dem Begriff Stereotyp ein Geflecht von vorgefaßten Meinungen, Einstellungen und Überzeugungen, das die Wahrnehmungen des Individuums zu strukturieren und zu steuern vermag, denn „...um die Welt zu durchwandern, müssen die Menschen Karten von dieser Welt haben."[38] Um die Flut von Eindrücken und Informationen verarbeiten zu können, bedienten sich die Menschen einer Ökonomie der Wahrnehmung, die auf kulturell vordefinierten Kategorien, Verallgemeinerungen, Bildern

---

[38] Walter Lippmann (1964): Die Öffentliche Meinung. Rütten und Loening: München. S. 18.

und Schemata beruhten. „Denn der Versuch alle Dinge frisch und im Detail zu sehen, erschöpft und kommt bei einigen Angelegenheiten praktisch überhaupt nicht in Frage."[39]

Damit ist Lippmanns Konzept von Stereotypen im kognitiven Bereich angesiedelt. Auch wenn in der weiteren Entwicklung der Stereotypenforschung diese nicht immer im Bereich des Kognitiven verortet wurde, so haben sich in der heutigen Forschung doch viele Sozialpsychologen der Untersuchung der kognitiven Grundlagen von Stereotypen und ihrer Entstehung zugewandt (vgl. z. B. Lilli, 1982; Bar-Tal et al. 1989; Wasel 1997).

Obwohl Lippmann selbst der Bewertung von Stereotypen ambivalent gegenüberstand, haben viele Sozialpsychologen sie als unkorrekte Verallgemeinerungen betrachtet, die starr, stark vereinfacht und voreingenommen sind (z. B. Allport, 1971; Katz und Braly, 1933; Klineberg, 1951). So definiert Allport das ethnische Vorurteil als „...eine Antipathie, die sich auf eine fehlerhafte und starre Verallgemeinerung gründet."[40] Auch der Duden sieht das Stereotyp als ein „eingebürgertes Vorurteil mit festen Vorstellungsklischees innerhalb einer Gruppe"[41] und vermengt dabei gleich drei Begriffe. Allport jedoch setzte erstmalig den Begriff des Vorurteils von dem des Stereotyps ab. Seiner Meinung nach sind Stereotype hauptsächlich Bilder in einer Kategorie, die von Individuen gebildet würden, um Ablehnungs- oder Bevorzugungsurteile zu rechtfertigen. Ihre Funktion läge vielmehr in der Rationalisierung und Rechtfertigung als in der Eigenschaft, Gruppeneigenschaften anzuzeigen (Allport, 1971: 205).

Nicht immer wurde in der nachfolgenden Forschung zwischen Stereotypen und Vorurteilen getrennt. Das mag an der Tatsache liegen, daß Stereotype und Vorurteile als eng miteinander verbunden angesehen werden, wobei ersteres häufig als Bestandteil von letzterem betrachtet wird: „Prejudice as a negative attitude towards an outgroup or the members of that group is usu-

---

[39] Ebd. S. 67.
[40] Gordon W. Allport (1971): Die Natur des Vorurteils. Kiepenheuer & Witsch: Köln. S. 23.
[41] Günther Drosdowski (Hg.) (1994): Duden: Das große Fremdwörterbuch. Dudenverlag: Mannheim, Leipzig, Wien, Zürich. S. 772.

ally based on a negative stereotype"[42] Doch oft verschwimmt auch diese Differenzierung, so daß Condor (1990) zu dem Fazit gelangt: „Like so many widely-used terms, stereotypes has been used in such a variety of ways that it is often unclear wether any two authors are discussing the same issue."[43]

Die Unterscheidung zwischen Stereotypen und Vorurteilen kommt meist der Differenzierung gleich, die hauptsächlich zwischen Meinungen oder Einstellungen und Haltungen gemacht wird (Stroebe & Insko, 1989). Hierbei ist das Stereotyp eine Vorstellung von Merkmalen einer sozialen Gruppe oder ihrer Mitglieder, während das Vorurteil meist als eine negative Haltung gegenüber einer Gruppe erachtet wird. Allgemein scheint ein Konsens darüber zu bestehen, daß Stereotype kognitive Konzepte sind, die Verallgemeinerungen über Personen oder Menschengruppen darstellen. Damit können die eigene Person oder Gruppe (Autostereotype) und auch fremde Personen oder Gruppen gemeint sein (Heterostereotype). Tajfel (1982) betont außerdem, daß Stereotype sozial geteilte Überzeugungen darstellten (Tajfel, 1982: 39). Stereotype können negativ, neutral oder auch positiv sein, im Gegensatz zu Vorurteilen, denen ausschließlich eine negative Komponente zugeschrieben wird.

Zusammenfassend läßt sich sagen, daß Stereotype schematisierte, sozial geteilte Selbst- und Fremdbilder sind, die Einzelpersonen oder Gruppen bestimmte Eigenschaften und Verhaltensmerkmale zu- oder absprechen. Im Gegensatz zu Vorurteilen sind ihnen nicht bestimmte Haltungen implizit. Vorurteile aber kann man definieren als „...affektive, emotional geladene,

---

[42] Wolfgang Stroebe; Chester A. Insko (1989): Stereotype, Prejudice, and Discrimination: Changing Conceptions in Theory and Research. In: Daniel Bar-Tal et al. (Hg.) (1989); Stereotyping and Prejudice. Changing Conceptions. Springer-Verlag: New York, Berlin, Heidelberg. S. 4. Im folgenden: Stroebe & Insko (1989): Stereotype, Prejudice, and Discrimination.

[43] Susan Condor (1990): Social stereotypes and social identity. In: Dominic Abrams & Michael A. Hogg (Hg.) (1990): Social identity theory. Constructive and critical advances. Harvester Wheatsheaf: London. S. 230.

meist schon früh erworbene bzw. unkritisch übernommene, verhaltensrelevante Einstellungen."[44]

Stereotyp und Klischee

Das Klischee wird im Brockhaus vor allem mit einer „unschöpferischen Nachbildung" sowie „eingefahrene, überkommene Vorstellung"[45] beschrieben. Es hat damit den Konnex mit etwas Althergebrachtem im Gegensatz zu Stereotypen, die meist aktuell und dynamisch wirken.

Stereotyp und Exotismus

Im Gegensatz zu Stereotypen, die sowohl positiv als auch negativ sein und sich auf das Eigene und auf das Fremde beziehen können, bezeichnet der Begriff Exotismus[46] eine Einstellung oder Haltung, die sich durch eine besonders positive Bewertung des jeweils Fremden oder für dessen Vorliebe auszeichnet. Auf diese Weise dient der oder das Fremde als Projektionsfläche für Sehnsüchte und Wunschvorstellungen. Meist ist eine exotistische Einstellung die Reaktion auf besondere Konflikte oder Erfahrungen innerhalb der eigenen Kultur (Albrecht, 1997: 89). Das Unterdrückte und Verdrängte in der eigenen Lebenswelt findet somit in der exotistischen Darstellung fremder Lebensformen seinen Ausdruck. Auch das Bild des „Guten Wilden"[47] dient als Parameter fremdkultureller Erfahrungen und als Projektionsfläche der eigenen Wünsche und des Verdrängten.

Als positive Stereotype Fremden gegenüber wird der exotistische Blick auch von diesem Orientierungsmuster gesteuert. Jene Züge des Fremdartigen,

---

[44] Roth (1999): Bilder in den Köpfen. S. 22.

[45] Brockhaus Enzyklopädie in vierundzwanzig Bänden (1990). Neunzehnte, völlig neu bearbeitete Auflage. Bd. 12. F. A. Brockhaus GmbH: Mannheim. S. 96.

[46] Zum Thema Exotismus sei hier u. a. verwiesen auf Thomas Koebner; Gerhard Pickerodt (Hg.) (1987): Die andere Welt. Studien zum Exotismus. Athenäum Verlag GmbH: Frankfurt/Main. Mit zwei interessanten Beiträgen über Exotismus in Dokumentarfilmen und in Unterhaltungsserien.

[47] Karl-Heinz Kohl (1986): Entzauberter Blick. Das Bild vom Guten Wilden. Suhrkamp: Frankfurt/Main.

die sich von eigenen unterscheiden, werden idealisiert, und solche, die nicht in das Bild passen, werden ignoriert.

Stereotyp und Ethnozentrismus

Den Begriff des Ethnozentrismus führte Sumner (1906) in die Sozialwissenschaften ein und bezeichnete damit die Neigung ethnischer Gruppen, die ihrige als das Zentrum von allem wahrzunehmen und auf dieser Grundlage alle anderen Gruppen zu beurteilen. Damit beschreibt Ethnozentrismus das Phänomen der Ingroup-Aufwertung und der Outgroup-Abwertung (Grant, 1991), wobei die Ingroup zum Standard natürlicher Einstellungen und Verhaltensweisen erhoben wird.

Zick (1997) beurteilt den Ethnozentrismus als ein zentrales Element von Vorurteilen, d. h., daß Vorurteile auf ethnozentristischen Tendenzen basieren (Zick, 1997: 40). Im Gegensatz dazu bin ich jedoch der Auffassung, daß Ethnozentrismus nicht zwingenderweise die Grundlage für die Bildung von Stereotypen sein muß, denn es bestehen auch positive Auto- und Heterostereotype.

Stereotype, seine Eigenschaften und Äußerungsformen

Die bereits angesprochene Rigidität und Starrheit des Stereotyps scheint mir eine anzweifel-bare Eigenschaft zu sein. Zwar ist damit unter anderem gemeint, daß sich die stereotype Einstellung einer Person auch durch gegenteilige Erfahrung oder entkräftende Gegenbeweise schwer ändern oder überwinden läßt, doch wird andererseits auch auf den kaum wandelbaren Inhalt des Stereotyps Bezug genommen. Dies mag auch der Grund dafür sein, daß Stereotype oft im Zusammenhang mit Mythen untersucht wurden, denn Mythen sind „stereotype, verfestigte Geschichtsbilder."[48]

M. E. ist es aber gerade ein Charakteristikum des Stereotyps, sich in seinem Inhalt zu verändern. So hat z. B. die Studie von Seago (1947) gezeigt, wie

---

[48] Roth (1999): Bilder in den Köpfen. S. 36. Zu der Verbindung von Mythen und Stereotypen, vgl. auch Peter Mason (1990): Deconstructing America. Representations of the Other. Routledge: London.

sich amerikanische Stereotype gegenüber den Deutschen in kurzer Zeit, nämlich zwischen 1941 und 1945, verwandelten. Die Liste der den Deutschen zugeschriebenen Eigenschaften erweiterte sich 1942 um die Adjektive „aggressiv" und „brutal", und 1943 kam der Begriff „arrogant" hinzu. Tajfel (1982) bezeichnet dies als soziale Kreativität, „...die darin besteht, neue Ideologien zu entwickeln und der eigenen sowie der fremden Gruppe ‚relevante' Merkmale zuzuordnen."[49] Auch Morley & Robins (1995) zeigen die veränderte stereotype Darstellungsweise in Filmen mit Japanern als Reaktion auf die sich verändernden globalen Verhältnisse auf (Morley & Robins, 1995: 7). Stereotype scheinen also nicht starr und festgefahren zu sein, sondern im Gegenteil einen dynamischen Charakter zu besitzen.

Doch nicht nur Einzelpersonen und Gruppen können von dem Prozeß der Stereotypisierung betroffen sein, sondern im Grunde alle Lebensbereiche (Roth, 1999: 24), nämlich zum einen sämtliche Objekte, insbesondere komplexe Dinge, denen wir im Alltag stereotype Qualitäten zuschreiben. Bausinger (1988) hat z. B. darauf hingewiesen, wie in der Werbung gezielt stereotype Bezeichnungen von Waren eingesetzt werden (Bausinger, 1988: 17f). Zum anderen können Zustände, Sachverhalte und Institutionen von Stereotypisierung betroffen sein wie z. B. „Krankheit", „Familie" oder „Behörde". Weiterhin werden historische Ereignisse und Situationen mit stereotypen negativen oder positiven Wertungen versehen, je nach Perspektive. Die verbreitetsten und bekanntesten Stereotype sind jedoch Zuschreibungen von Qualitäten zu Personen oder Gruppen, die sich an Sozialkategorien festmachen wie beispielsweise Alter, Geschlecht, Beruf, Religion, Kultur usw.

Stereotype sind zunächst mentale Strukturen, die erst in ihrer geäußerten Form faßbar werden. Überwiegend werden Stereotype auf sprachlicher Ebene ausgedrückt. Dies betont die Linguistin Uta Quasthoff (1973), indem sie schreibt, daß ein Stereotyp der verbale Ausdruck einer auf soziale Gruppen oder Einzelpersonen gerichteten Überzeugung sei (Quasthoff,

---

[49]   Henri Tajfel (1982): Gruppenkonflikt und Vorurteil. Entstehung und Funktion sozialer Stereotypen. Verlag Hans Huber: Bern, Stuttgart, Wien. S. 96. Im folgenden: Tajfel (1982): Gruppenkonflikt und Vorurteil.

1973: 28). Doch neben den sprachlichen Äußerungen gibt es auch symbolische, bildliche und dingliche Formen des Ausdrucks (Roth, 1999: 26).

Sprachliche Äußerungen des Stereotyps können einfache Formen wie Adjektive, Namen und Wortverbindungen sein, aber auch in komplexerer Gestalt bestehen wie in Sätzen, Vergleichen, Sprichwörtern oder Redensarten sowie in hochkomplexen verbalen Formen, so z. B. in Märchen, Sagen, Legenden, Anekdoten, Witzen und Liedern.

Konkret-bildliche Darstellungen von Stereotypen können wir u. a. auf Flugblättern, in der Malerei und Graphik, in Karikaturen und Comics finden, desgleichen bei Denkmälern und Skulpturen. Nicht zu vergessen sind dabei der Film und die Massenmedien, die m. E. zu den Haupttransporteuren stereotyper Bilder zählen.

2.3.1 Entstehung von Stereotypen

Die Theorien, die erstellt wurden, um die Genese von Stereotypen zu erklären, kann man in zwei Hauptrichtungen unterteilen.

Zum einen suchte man die Gründe für die Entstehung von Stereotypen auf der Seite des Individuums und seiner Persönlichkeit, d. h. auf der intrapersonalen Ebene. Dies sind z. B. die Theorie der Autoritären Persönlichkeit, die Frustrations-Aggressions-Hypothese und Sündenbock-Theorie sowie die Theorie der Relativen Deprivation.

Andere Theorien hingegen befaßten sich mit der Entstehung von Stereotypen auf der soziokulturellen oder gesellschaftlichen, d. h. intergruppalen Ebene. Hier finden wir u. a. Konflikttheorien wie Realistic Group Conflict Theory und den Social Identity-Ansatz sowie die Theorie des sozialen Lernens.

Diese Theorien werden im folgenden vorgestellt und diskutiert.[50] Da in der Forschung häufig nicht explizit zwischen Vorurteilen und Stereotypen un-

---

[50] Zu einem umfassenden Überblick über die verschiedenen Theorien der Stereotypen- und Vorurteilsforschung, vgl. z. B. Stroebe & Insko (1989): Stereotype, Prejudice, and Discrimination. Oder: Andreas Zick (1997): Vorurteile und Rassismus. Eine sozialpsychologische Analyse. Waxmann: Münster, New York, München, Berlin. Im folgenden: Zick (1997): Vorurteile und Rassismus.

terschieden wurde, werde ich mich sowohl auf die Stereotypen- als auch auf die Vorurteilsforschung beziehen.

Individuelle Erklärungsebene

Ein sehr früher Ansatz der klassischen Vorurteilsforschung ist die Theorie der Autoritären Persönlichkeit von Adorno et al. (1950). Der Fokus liegt hier auf intrapersonalen Prozessen, d. h. auf Vorurteilen, die auf die Persönlichkeitsstruktur zurückgeführt werden. Drei Annahmen liegen dieser Theorie zugrunde: a) Vorurteile sind Teil eines breiteren ideologischen Rahmens und korrelieren daher mit anderen politischen, wirtschaftlichen und sozialen Überzeugungen, b) diese Wechselbeziehung hat ihre Ursache in grundlegenderen Persönlichkeitsfaktoren und c) diese Persönlichkeitsgrundlage von Vorurteilen ist das Ergebnis der elterlichen Kontrolle während der ersten prägenden Jahre der Persönlichkeitsbildung. Die typische autoritäre Persönlichkeit ist in einem sehr strengen und disziplinierten Elternhaus erzogen worden. Sie ist eine Person, die an der konventionellen, konservativen Mittelschicht festhält und die autoritär unterwürfig, autoritär aggressiv, abergläubisch, vorurteilsvoll, machtorientiert, destruktiv, zynisch, projektiv und übertrieben sexuell orientiert ist. Alle Ressentiments gegen die Eltern werden bei der autoritären Persönlichkeit gegen eine Outgroup gerichtet. Nach Adorno et al. (1950) ist damit Autoritarismus immer unmittelbar mit Stereotypen, Vorurteilen und Ethnozentrismus verbunden.

Auch wenn diese Theorie vielleicht in Ansätzen eine Erklärung für die Entstehung von Vor-urteilen und Stereotypen bietet, so weist sie doch erhebliche Schwächen auf. Sie kann keine Unterschiede von Vorurteilen zwischen verschiedenen Kulturen oder Regionen erklären. Ebensowenig ist sie in der Lage, auf den Inhalt von Vorurteilen und Stereotypen einzugehen oder zu deuten, warum bestimmte Gruppen Ziele von Vorurteilen werden.

Auf ähnliche Weise argumentieren andere Theorien, ebenfalls auf der intrapersonalen Ebene, die jedoch nicht zur Erklärung von Vorurteilen, sondern zur Erklärung weiterer Phänomene entwickelt wurden. Die Frustration-Aggressions-Hypothese von Dollard et al. (1939) unter-sucht den Zusammenhang zwischen Frustrationen und der Bildung von Vorurteilen, wobei diese als aggressives Verhalten aufgefaßt werden. Nach Dollard et al. verursacht das soziale Leben Frustrationen im Individuum, die leicht in Aggressionen umgewandelt werden können. Aggressionen wiederum werden auf ein anderes Ziel wie Minderheiten projeziert. An dieser Theorie ist zu kritisieren, daß es jedoch auch andere Reaktionen auf Frustration wie philosophische Abschirmung, rationale Bewältigung der Probleme, Apathie usw. gibt. Die Abschiebung auf Sündenböcke ist nur eine unter vielen. Und auch Allport (1971: 354f) stellt die Grenzen dieser Theorie fest: Frustrationen führen nicht immer zu Aggressionen; Aggressionen werden nicht generell verschoben; die Verschiebung von Aggressionen führt nicht unbedingt zu einer emotionalen Entlastung; die Hypothese bietet keine Erklärung für die Wahl der Aggressionsobjekte, und es werden soziale Konfliktlagen und soziale Bedingungen übersehen.

Die Kritikpunkte an der Frustrations-Aggressions-Hypothese veranlaßte Berkowitz (1962), sie in einer Sündenbocktheorie zu reformulieren, in der er die Eigenschaften von Sündenböcken genauer spezifizierte. Demnach hängt die Verschiebung der Aggression von der Ähnlichkeit zwischen dem Sündenbock und der Frustrationsquelle ab, aber auch, gleich der Theorie Adornos (1950), von den Persönlichkeitsunterschieden der Individuen. Weiterhin können folgende Stimuluseigenschaften des Sündenbocks die Verschiebung erhöhen: die Sichtbarkeit, die Erreichbarkeit und die Fremdheit des Sündenbocks sowie die Antipathie gegenüber dem Sündenbock.

Zick (1997) stellt fest, daß es für die Frustrations-Aggressions-Hypothese und in ihrer Weiterführung die Sündenbocktheorie keine hinreichenden empirischen Belege gibt (Zick, 1997: 86). Außerdem ist nicht geklärt, wie der Zusammenhang zwischen Frustration und Sündenbock entsteht, warum bestimmte Minderheiten Zielgruppen von ethnischen Vorurteilen sind und wie der Inhalt der Vorurteile und Stereotype zu erklären ist. Zwar bleibt die Theorie, daß Vorurteile und Stereotype die Folge von bestimmten Emotionen wie z. B. Frustration sind, interessant, doch kann sie nicht alle Aspekte der Genese von Vorurteilen und Stereotypen erfassen. Intergruppale Prozesse werden hierbei gänzlich ausgeblendet.

Nach der Theorie der Relativen Deprivation entstehen Vorurteile und Stereotype aufgrund eines Gefühls bzw. der Wahrnehmung eines Mangels oder

der sozialen Benachteiligung (Tajfel, 1981: 110; Gurr, 1970). Dabei dienen Minderheiten häufig als Vergleichsgruppe und werden für die Benachteiligung verantwortlich gemacht. Diese Theorie steht damit der Sündenbock-Theorie sehr nahe. Worauf sich die Relative Deprivation allerdings bezieht, darin besteht in der Forschung keine Einigung (Zick, 1997: 98). So kann Relative Deprivation als subjektive oder objektive Benachteiligung verstanden werden, sie kann auf einer gruppalen oder primär individuellen Erklärungsebene ansetzen oder auch nach dem Inhalt der Deprivationsform differenziert werden.

Auch bei dieser Theorie bleibt unklar, warum und welche Gruppen im Rahmen eines intergruppalen Vergleichs als Vergleichsgruppen herangezogen werden und wie auf diese Weise der Inhalt von Stereotypen und Vorurteilen entstehen kann. Erklärungsmodelle von Vorurteilen und Stereotypen, die auf der gesellschaftlichen Ebene ansetzen, bieten hier andere Argumente.

Gesellschaftliche Erklärungsebene

Die Realistic Group Conflict Theory, Theorie des Realistischen Gruppenkonflikts, von Sherif et al. (1961) stellt die erste Theorie dar, die intergruppale Konflikte in die Erklärung von Vorurteilen mit einbezieht, wobei sie nicht nur auf die Untersuchung von Vorurteilen beschränkt ist. Sie stützt sich auf die Ergebnisse der von Sherif et al. durchgeführten Studien in Sommerferienlagern. Vorurteile und Stereotype werden dabei als das Resultat eines intergruppalen Wettbewerbs um Statuspositionen, Macht und andere knappe Ressourcen betrachtet. Die Wahrnehmung von Bedrohung stärkt dabei ebenfalls die Solidarität innerhalb der Gruppe, das Bewußtsein einer Gruppenidentität und das Ziehen von Grenzen. Somit erhöht diese Bedrohung Ethnozentrismus, also einen Zustand der gestärkten intragruppalen Solidarität und eine Abwertung der Outgroup.

Allerdings bleibt bei den Studien unklar, ob ein Konflikt um eine begrenzte Ressource die notwendige Bedingung für die Entstehung von Vorurteilen ist. Weitere Schwachpunkte dieser Theorie betreffen die Definition des Begriffs Konflikt, nämlich die Annahme, Konflikte seien immer negativ, sowie das Ausblenden von Macht als ein determinierender Faktor von intergruppalen Beziehungen (Taylor & Moghaddam, 1987: 53).

Auch Tajfel (1982) kritisiert, daß Interessenskonflikte nicht unbedingt zu Ethnozentrismus führen müssen und noch nicht einmal eine Bedingung für Ethnozentrismus darstellen. In seinen ‚Minimalen' Intergruppenexperimenten (Tajfel, 1982: 118; Tajfel & Turner, 1979) fand er heraus, daß die bloße kognitive Wahrnehmung der Gruppenzugehörigkeit zu einer von zwei Gruppen ausreicht, um Intergruppendiskriminierungen und die Bevorzugung der eigenen Gruppe auszulösen. Tajfel & Turner (1979) formulierten auf der Basis dieser Ergebnisse ihre Social Identity Theorie. Ihr zugrunde liegt die Annahme, daß Individuen „...strive to achieve or to maintain positive social identity."[51] Durch den Druck, die eigene Gruppe in dem Vergleich mit anderen Gruppen positiv zu bewerten, versuchten soziale Gruppen, sich voneinander abzugrenzen. Vorurteile und Stereotype werden also bei diesem Ansatz als allgemeine, intergruppale Differenzierungsphänome analysiert. Die Ergebnisse der genannten Studie lassen sogar den Schluß zu, daß Stereotype und Vorurteile selbst dann gebildet werden, wenn sie auf Kosten beider Gruppen zur Herstellung maximaler Differenz dienen.

Die Theorie der Sozialen Identität modifiziert die des Realistischen Gruppenkonflikts in zwei bedeutenden Punkten: Zum einen schränkt sie die Annahme ein, daß jeder Konflikt um begrenzte Ressourcen in Feindseligkeit endet, zum anderen betont sie die Tatsache, daß Konflikte nicht nur wegen begrenzter materieller Ressourcen entstehen können, sondern ebenfalls um knappe soziale Ressourcen wie z. B. Status oder Prestige. Somit bietet diese Theorie Erklärungen für individuelle und gesellschaftliche Unterschiede von Vorurteilen. Individuelle Unterschiede können aufgrund verschiedener Bedürfnisse, u. a. der Bestätigung des positiven Selbstkonzepts, bestehen. Soziale Differenzen existieren aufgrund der Tatsache, daß verschiedene Gruppen mit unterschiedlichen Gruppen in Konflikt geraten.

---

[51] Henri Tajfel; John Turner (1979): An integrative theory of intergroup conflict. In: William G.Austin; Stephen Worchel (Hg.) (1979): The social psychology of intergroup relation. Brooks/Cole Publishing Company: Monterey, California. S. 40.

Kritisch zu bemerken ist allerdings, daß in dieser Theorie Stereotype und Vorurteile getrennt von anderen Überzeugungen, Einstellungen und Haltungen behandelt werden. Die Annahme jedoch, daß der Prozeß der Genese anderer Einstellungen und Haltungen nicht auch auf die Bildung von Stereotypen und Vorurteilen anzuwenden ist, läßt sich heute nicht mehr halten. Vielmehr werden Vorurteile und Stereotype als Unterkategorien von Einstellungen und Haltungen angesehen. Weiterhin ist zu kritisieren, daß in diesem Modell die Outgroup als negativ, feindlich und konträr beurteilt wird. Andere Reaktionen auf Outgroups werden nicht in Betracht gezogen.

Nach der Theorie des sozialen Lernens (vgl. z. B. Mitulla, 1997) entstehen Stereotype und Vorurteile aufgrund der Beobachtungen von Unterschieden zwischen sozialen Gruppen oder durch soziale Einflüsse wie z. B. die der Eltern, der Massenmedien, der Schule oder von Peer-groups. Schwierig hierbei ist jedoch, die Ursache zu erklären, warum vornehmlich negative Stereotype und Vorurteile gegenüber Outgroups bestehen. Wären Stereotype ein mehr oder weniger realistisches Abbild der sozialen Unterschiede, müßten gleichviel positive wie negative Haltungen gegenüber Outgroups existieren.

Dennoch bietet der Erklärungsansatz eine sinnvolle Erweiterung der Konflikttheorien, indem er die Rolle von Erziehung, Kommunikation und direkter Beobachtung betont, auch wenn es zu vereinfacht wäre, die beiden Theorien (die der Sozialen Identität und des Sozialen Lernens) als komplementär zu betrachten.

So bilden alle vorgestellten Theorien zur Erklärung der Genese von Stereotypen mögliche Ansätze, die Entstehung zu verstehen.

In der vorliegenden Arbeit, in welcher der Fokus auf kulturelle Stereotype[52] gerichtet ist, sollen Stereotype, positive wie negative, als intergruppale Phänomene betrachtet werden. Sie sind individuelle Einstellungen, Affekte und Überzeugungen, die ein Individuum auf der Basis seiner Zugehörigkeit zu einer sozialen Gruppe gegenüber der eigenen und anderen sozialen Grup-

---

[52] Umfassender wäre natürlich eine Untersuchung allgemein sozialer Stereotype, doch würde dies den Rahmen der Arbeit sprengen. Daher beschränke ich mich in dem zu behandelnden Thema auf kulturelle Stereotype.

pen innehat. Sie dienen damit sozialen Kategorisierungsprozessen und sollen die Unterschiede zwischen den Kategorien verschärfen und diejenigen innerhalb verwischen (Zick, 1997: 127).

Die weiteren Funktionen, die Stereotype erfüllen, werden im folgenden Abschnitt behandelt.

2.3.2 Funktionen von Stereotypen

In Anlehnung an Tajfel (1982) kann man zwischen individuellen und sozialen Funktionen von Stereotypen unterscheiden.

Auf der individuellen Ebene besitzen Stereotype eine kognitive Funktion, d. h., sie helfen, Informationen und Eindrücke aus der Umwelt zu strukturieren. Damit dienen sie zur Orientierung und vermindern die wahrgenommene Komplexität. Außerdem tragen sie, wie von der Theorie der Sozialen Identität postuliert, zu einer positiven Selbstbewertung bei.

Soziale Funktionen des Stereotyps sind zum einen soziale Kausalität, das bedeutet, daß sie helfen, komplexe und gewöhnlich unangenehme Ereignisse in der Gesamtgesellschaft zu verstehen, zum anderen soziale Rechtfertigung, also geplante oder ausgeführte Handlungen gegenüber Fremdgruppen zu rechtfertigen. Eine dritte soziale Funktion ist die der Differenzierung. Stereotype dienen dazu, die eigene Gruppe gegenüber anderen sozialen Gruppen zu unterscheiden. Sie erhöhen damit das Wir-Gefühl der Gruppe.

Weiterhin können Funktionen von Stereotypen auch auf der politischen Ebene angesiedelt werden (vgl. u.a. Gredig, 1994: 21). Sie können durch die Konstruktion der Bedrohung von außen der Integration und Stabilisierung von politischer Macht dienen.

2.3.3 Wirkungen von Stereotypen

Im allgemeinen wird Stereotypen eine Veränderung der Wahrnehmung beim Individuum zugeschrieben. Aufgrund von Kategorien, die das Stereotyp vorgibt und die als kognitive Grundlage dem Individuum dienen, wird die Wahrnehmung kanalisiert, besonders dann, wenn sie mit Wertungen besetzt ist. Die extrem selektive Wahrnehmung, die daraus folgt, läßt das Individuum nur jene Teile der Realität erkennen, die dem Inhalt des

Stereotyps am nächsten kommen. Somit sieht das Individuum das, was es erwartet, und die Erwartung wird durch das Stereotyp determiniert. Dadurch werden die Inhalte von Stereotypen häufig als bestätigt empfunden.

Die Wirkung, daß sich Stereotype mittels selektiver Wahrnehmung immer selbst bestätigen, kann noch weiterführen. So können beim sozialen Gegenüber tatsächlich die erwarteten Merkmale oder Verhaltensweisen auftreten (vgl. z. B. Çaglar, 1990). Lehtonen (1991) untersucht in diesem Zusammenhang Stereotype im interkulturellen Kontakt zwischen Norwegern und Finnen. Hierbei, so stellt er fest, werden negative Autostereotype der Finnen zur self-fulfilling prophecy und führen zu einer negativen Wahrnehmung des Selbst. Sie haben darüber hinaus negative Auswirkungen auf die Bereitschaft, sich an internationaler Kooperation zu beteiligen (Lehtonen, 1991).

3 Der, die, das Fremde

Morley & Robins (1995) stellen fest, daß die Konstruktion des Anderen innerhalb der Europäischen Kultur eine eigene Geschichte hat (Morley & Robins, 1995: 6). Doch gilt dies nicht nur für Europa, denn alle Gruppen und Völker haben „...ihre besondere kulturelle Identität immer nur in einem prekären Prozeß des aktiven und kreativen Austauschs mit ihren Nachbarn und Partnern bewahren und entwickeln können. Immer war so der Umgang mit dem Fremden von der frühgeschichtlichen Zeit bis zur Moderne von existentieller Bedeutung für die Völker und Individuen."[53] Der Umgang mit Fremden scheint also wesentlicher Bestandteil jeder Kultur zu sein. Erdheim (1996) kommt dabei sogar zu dem Schluß: „Kultur ist das, was in der Auseinandersetzung mit dem Fremden entsteht; sie stellt das Produkt der Veränderung des Eigenen durch die Aufnahme des Fremden dar."[54]

Was macht jedoch den Fremden zum Fremden[55] und welche Funktionen haben Fremdheitskonstruktionen?

Albrecht (1997) weist darauf hin, daß das Fremde oft etwas Problematisches zu sein scheint. So sei der, die, das Fremde meist affektiv besetzt und impliziere eine Bewertung, weshalb die Bezeichnung „fremd" schwer als neutrale Kategorie zu gebrauchen ist (Albrecht, 1997: 80f). Das Bild vom Fremden ist nach Erdheims (1996) etwas einfacher Darstellung stets mit Angst oder, wenn diese überwunden wird, mit Faszination verbunden (Erdheim, 1996: 176). Jedoch ist die Umkehrung des angsteinflößenden

[53] Christoph Lüth; Rudolph W. Keck; Erhard Wiersing (Hg.) (1997): Der Umgang mit dem Fremden in der Vormoderne. Studien zur Akkulturation in bildungshistorischer Sicht. Böhlau Verlag: Köln, Weimar, Wien. S. 8.

[54] Mario Erdheim (1996): Das Eigene und das Fremde. Ethnizität, kulturelle Unverträglichkeit und Anziehung. In: Helga Haase (Hg.) (1996): Ethnopsychoanalyse: Wanderungen zwischen den Welten. Verl. Internat. Psychoanalyse: Stuttgart. S. 181.

[55] Zu einem Überblick über die Soziologie des Fremden, vgl. u. a. Alois Wierlacher (1993): Kulturthema Fremdheit. Iudicium Verlag GmbH: München. Im folgenden: Wierlacher (1993): Kulturthema Fremdheit. Oder: Armin Nassehi (1995): Der Fremde als Vertrauter. Soziologische Betrachtungen zur Konstruktion von Identitäten und Differenzen. In: Kölner Zeitschrift für Soziologie und Sozialpsychologie. Jg. 47, Heft 3. S. 443-463.

Fremden[56] in sein Gegenteil, nämlich den Fremden, der freundlich zu behandeln ist und der Anziehung ausübt, nur die Kehrseite der Medaille. Der Fremdenfreundlichkeit gleich der Fremdenfeindlichkeit liegt eine Bewertung zugrunde.

Wierlacher (1993) definiert das Fremde „...grundsätzlich als das aufgefaßte Andere, als Interpretament der Andersheit und Differenz."[57] Jedoch muß das Andere nicht auch gleich das Fremde sein. So können Personen und Objekte trotz ihrer Andersheit als nicht fremd wahrgenommen oder bezeichnet werden. Dabei kann es sich um sichtbare oder wahrnehmbare Merkmale naturhaft-körperlicher, aber auch um kulturelle Differenzen handeln. Diese werden dann allein als Unterschied zwischen dem Ich und dem jeweils anderen Ich, dem Ego und dem Alter Ego, aufgefaßt. Es gibt also durchaus Differenzen zwischen den Geschlechtern, den Generationen oder Angehörigen unterschiedlicher sozialer Gruppen, ohne daß diese als Merkmale von Fremdheit begriffen werden. Andere Merkmale wiederum können als deutliche Zeichen von Fremdheit wahrgenommen werden. Fremdheit folgt also nicht notwendigerweise aus der Andersheit, sondern entsteht erst aus ihrer Interpretation heraus.

Um das Fremde interpretieren zu können, wird grundsätzlich die Unterscheidung zwischen dem Eigenen und dem Fremden gemacht. Was fremd erscheint, kann also nur in Anlehnung an das Eigene wahrgenommen werden, ist immer perspektivenabhängig, oder, wie Ganguli (1992) es formuliert: „Otherness is to be found precisley where you're sitting."[58] Daß das Eigene und das Fremde meist schier unüberwindbare Gegensätze bilden, so wie Erdheim (1996) es aus der psychoanalytischen Sicht darstellt, der

---

[56] Agozino (2000) stellt in seinem Aufsatz dar, daß häufig eine starke Beziehung zwischen Kriminalität und Immigranten als dem Anderen oder Fremden hergestellt wird. Jedoch beruht diese Verbindung auf der Kriminalisierung der Immigranten durch institutionalisierte Praktiken, die dazu dienen, den Anderen auszuschließen, zu marginalisieren oder zu kontrollieren. Biko Agozino (2000): Beware of Strangers: The Myth that Immigrants are most likely to be Deviants. In: ders. (Hg.) (2000): Theoretical and methodological issues in migration research. Ashgate Publishing Ltd: Hants, Vermont.

[57] Wierlacher (1993): Kulturthema Fremdheit. S. 62.

[58] Keya Ganguli (1992): Migrant Identities. S. 28.

Fremde gar als Antipode, als Vertreter einer Gegenwelt erscheint und somit das Eigene als das Gute und das Fremde als das Schlechte gilt, ist m. E. nicht vertretbar. Vielmehr ist die wechselseitige Grenzziehung dynamisch, fließend und Wandlungen unterworfen. Erst über die Bezeichnung einer Person, Sache oder Situation als fremd wird das jeweils Eigene konturiert, und genauso kann das Verhältnis zu einer Person, Sache oder Situation nur als fremd bezeichnet werden, wenn es als vom Eigenen verschieden wahrgenommen wird. Fremdheit ist damit ebenso Bestandteil des Selbst[59] und enthält, wie später beschrieben, identitätsstiftende Funktionen.

Nassehi (1995) geht noch einen Schritt weiter und unterscheidet zwischen vertraut/unvertraut bzw. zwischen den Kategorien Freund/Feind versus Fremder. Er versteht Fremdheit als etwas, das nicht bekannt ist, das nicht erwartet wird und letztlich, das nicht vertraut ist (Nassehi, 1995: 448). Der Gegensatz zu Fremdheit ist nach seiner Unterscheidung keine differenzlose Vertrautheit, sondern bildet den Antagonismus zwischen Freund und Feind. Fremde können demgemäß erst zu Freunden oder Feinden werden, wenn sie in den vertrauten Raum eingetreten sind.

Mir scheint diese Differenzierung zwischen einerseits Vertrautem, das nicht immer konflikt- und differenzlos ist, und dem Fremden andererseits sinnvoll, wobei jedoch nicht, wie bei Nassehi, außer acht gelassen werden darf, daß die Grenzen zwischen den Kategorien fließend sind. Die Kategorie „Fremde" ist eine relationale Größe, denn sie drückt ein Verhältnis oder eine Beziehung aus. Die Bezeichnung „fremd" oder „Fremde" stellt ein komplexes, kontextabhängiges Beziehungsgeflecht dar zwischen dem, was als jeweils Eigenes betrachtet, und dem, was als diesem nicht zugehörig angesehen wird.

Mit der Wahrnehmung von Fremdheit gehen meist auch Zuschreibungen von Merkmalen zu einer bestimmten Person oder Gruppe, Sache oder Situ-

---

[59] Vgl. Julia Kristeva (1990): Fremde sind wir uns selbst. Suhrkamp Verlag: Frankfurt/Main.

ation einher. Zusammengenommen lassen sie ein „Fremdheitsprofil"[60] entstehen, das sich in Abhängigkeit von Merkmalen der Person, der Sache oder der Situation sowie der jeweiligen Perspektive konstituiert (Albrecht, 1997: 87). Dieses „Fremdheitsprofil" sind stereotype Zuschreibungen von Wesens- und Verhaltensmerkmalen, d. h., die Wahrnehmung von Fremdheit ist meist von Stereotypisierungsprozessen begleitet. Sie dienen der Abgrenzung zwischen dem Eigenen und dem Fremden.

Diese Stereotypisierungsprozesse geschehen nicht nur auf der individuellen Ebene, sondern sind zugleich Teil einer gesellschaftlichen Wirklichkeit und demnach historischen und soziokulturellen Wandlungen unterworfen. Das Bild des Fremden ist abhängig von den vorherrschenden Modellen und deren sich verändernden Funktionen in einer Kultur.

Neben den Fremdheitsprofilen gibt es nach Albrecht (1997) auch Fremdheitskonstruktionen, die dazu beitragen, den oder das Fremde auszugrenzen. Sie dienen dazu, Verdrängtes und Unbewußtes auf den anderen zu projizieren und damit dessen Unterdrückung oder Beherrschung zu legitimieren (Albrecht, 1997: 91). Meiner Meinung nach kann die Konstruktion von Fremdheit neben dieser zerstörerischen Komponente auch neutralere Funktionen erfüllen. Den anderen als fremd zu konstruieren, kann ein Mittel sein, sich kulturell, aber auch innerhalb sozialer Gruppen abzusetzen, ohne dabei unterdrückende Elemente aufzuweisen.

Ich fasse zusammen: Fremdheit ist immer eine relationale Größe. Sie erfährt ihren Sinn in der Dialektik von Eigenem und Fremdem und der Interpretation von Andersheit. Die als fremd wahrgenommenen Merkmale von Personen bilden Fremdheitsprofile, die sowohl individuell als auch auf kollektiver Ebene bestehen können. Ebenso kann Fremdheit konstruiert werden und damit als Rechtfertigung für Unterdrückung oder lediglich als Abgrenzungsmechanismus dienen.

---

[60] Corinna Albrecht (1997): Der Begriff der, die, das Fremde. Zum wissenschaftlichen Umgang mit dem Thema Fremde. Ein Beitrag zur Klärung einer Kategorie. In: Yves Bizeul; Ulrich Bliesener; Marek Prawda (Hg.) (1997): Vom Umgang mit dem Fremden. Beltz Verlag: Weinheim, Basel. S. 87.

Im Film taucht die Figur des Fremden bereits in den Anfängen der Filmge-schichte auf. Sie dient dabei oft als Abgrenzungspunkt, als exotischer Ge-gensatz zu der westlichen „zivilisierten" Welt sowie als Möglichkeit des Ausdrucks von Tabuthemen. Der folgende Punkt soll die Geschichte des Fremden im Film in kurzen Zügen darstellen.

3.1 Der Fremde in der Filmgeschichte

Der kulturell Fremde ist bereits seit Beginn der Kinematographie ein be-deutender thematischer Bestandteil im Film. Dokumentiert ist die Figur des Fremden allerdings nur in wenigen Bereichen. Hierbei sind besonders die Rolle des Schwarzen im US-amerikanischen Film untersucht worden sowie das Subgenre der Tarzanfilme[61] und der Western. Meist sind die Studien auf amerikanische Produktionen beschränkt, doch war die Vorherrschaft der amerikanischen Filmkonzerne derart stark, daß sie auch die Stereotypisie-rungen von Schwarzen im europäischen Kino beeinflußte (Leab, 1975: 104).

Die frühen Produktionen[62] zeichneten sich durch ihren dokumentarischen Charakter aus, der auf den technischen und damit auch filmsprachlichen Mangel zurückzuführen ist. Die ersten Fremden, die in den Filmen auftra-ten, waren Indianer und Schwarze, da die Produktionen geographisch auf die USA und die angrenzenden Gebiete beschränkt waren. Den dargestell-ten Fremden wurde hier ein inferiorer Status zugewiesen. Und auch in Eu-ropa unterschied sich die Repräsentation des Fremden sowohl inhaltlich als auch formal wenig von der in den USA.

Um die Jahrhundertwende begann sich die Filmindustrie zu entwickeln. Aufgrund des enormen technischen Fortschritts und den damit einherge-henden organisatorischen Veränderungen konnten neue geographische Set-tings aufgesucht werden. Es entstanden reportagehafte, aktuelle Kurzfilme,

---

[61] Vgl. Cripps (1977), Leab (1975), Mapp (1972) und Noble (1970).

[62] Am 28. Dezember 1895 fand im Grand Café in Paris die erste öffentliche Filmvor-stellung, also Projektion bewegter Bilder auf eine Leinwand, von den Gebrüdern Lumière statt. Vgl. dazu David Bordwell; Kristin Thompson (1997): Film Art. An Introduction. Fifth Edition. The McGraw-Hill Companies: New York. S. 443. Im folgenden: Bordwell & Thompson (1997): Film Art.

die in Afrika und anderen Settings in Übersee gedreht wurden und in denen der Fremde im Vordergrund stand.

Doch nahmen die Zahl der Filme und die Zuschauerresonanz während des ersten Jahrzehnts des 20. Jahrhunderts deutlich ab, denn zum damaligen Zeitpunkt entwickelte sich der fiktive Film, der den Reportagefilm zunehmend überlagerte, in voller Spielfilmlänge. Beim fiktiven Film stieg allmählich das Interesse an exotischen Schauplätzen. Die schwarzen und farbigen Charaktere wurden hier nach Theatertradition von weißen Darstellern, den sogenannten „white black-faces", gespielt.[63] Es entstanden nun die ersten „cross-culture"-Thematiken (Cripps, 1970), deren Inhalt darin bestand, daß der Weiße die Bedrohung durch primitive Kulturen überlebte (Cripps, 1970: 44), also der Sieg der Zivilisation über die Barbarei (Nothnagel, 1989: 18). Und auch die Darstellung der Indianer basierte auf dem gleichen Handlungsschema. Der Konstruktion dieses Kontrastes lag eine biologistische Argumentationsweise zugrunde[64], welche die Epoche des Stummfilms überdauerte.

Mit der Weiterentwicklung der Projektionstechniken und der Verbesserungen der produktiven Voraussetzungen war es der Filmindustrie möglich,

---

[63] Daß die Entwicklung der Photographie und damit auch der Filmtechnik eng verbunden ist mit der Voraussetzung eines weißen Subjekts, zeigt Richard Dyer (1995) in seinem Aufsatz „...und es werde Licht! Weiß-Sehen". In der Entwicklung der Technologie galt das weiße Gesicht als Norm, alle technischen Bestrebungen waren stets darauf ausgerichtet, daß das weiße Gesicht richtig dargestellt wurde. Dies hatte zur Folge, daß der weiße Körper im Bild bevorzugt, daß er sichtbarer und auffallender wurde. Daß der weiße Körper immer noch bevorzugt dargestellt wird, bedeutet nicht, daß es nunmehr eine Frage der Technologie ist, sondern daß ihr Gebrauch entscheidend ist. (In der Praxis unterscheidet sich die Aufnahme schwarzer Haut von weißer in einem Blendengrad von 2.) Zu weiteren interessanten Aspekten dieses Themas, vgl. Richard Dyer (1995): ...und es werde Licht! Weiß-Sehen. In: Marie-Hélène Gutberlet; Hans-Peter Metzler (Hg.) (1997): Afrikanisches Kino. Horlemann: Unke/Rhein, Bad Honnef.

[64] Besonders deutlich kommt sie in dem Film In Humanity's Cause (1911) zum Ausdruck, in dem ein Konföderiertenoffizier verwundet und durch die Transfusion des Blutes eines Schwarzen gerettet wird. Nach diesem Ereignis verwandelt sich der Mann zu einem brutalen, wilden Menschen, der, als er von der Transfusion erfährt, sich und den Schwarzen in den Tod reißt. Vgl. Detlev Nothnagel (1989): Der Fremde im Mythos. Kulturvergleichende Überlegungen zur gesellschaftlichen Konstruktion einer Sozialfigur. Peter Lang GmbH: Frankfurt/Main. S. 18.

immer mehr thematische Felder, z. B. durch den Bezug auf literarische Vorlagen, zu erschließen. Das breite Spektrum der Thematiken trug dazu bei, daß der fiktionale Stoff zunehmend in Genres zusammengefaßt und voneinander abgegrenzt wurde. Die Figur des Fremden trat hierbei vor allem in Abenteuerfilmen und verwandten Genres wie z. B. Western auf.

Mit dem Beginn des Tonfilms hatten sich die großen Filmkonzerne etabliert (Bordwell & Thompson, 1997: 449) und brachten eine enorme Kapitalkonzentration mit sich. Im Zuge dieser Entwicklung distanzierte man sich immer mehr von den traditionellen Darstellungsweisen des populären Theaters. Weiße Schauspieler, die bisher die Rolle eines Schwarzen gespielt hatten, also „white black-faces", wurden nun von schwarzen Darstellern ersetzt.

Da mit dem Aufblühen der Kinoindustrie das Interesse an Dokumentarfilmen stetig nachließ und Dokumentarfilmer dadurch gezwungen waren, sich nach anderen Produzenten umzusehen, entwickelte sich dieser Branchenzweig weitgehend unabhängig vom kommerziellen Film.

„Cross-culture"-Thematiken und die endgültige Formation des Genres Abenteuerfilm, in dem der Fremde meist filmisch verortet war, erlebten mit der Entstehung des Tonfilms, der Entwicklung filmsprachlicher Mittel und der Konzentration der Filmindustrie, die mit gesellschaftlichen Auflösungserscheinungen[65] zusammenfiel, eine nie dagewesene Konjunktur. Der Abenteuerfilm deckte dabei eine derartige Vielfalt an Thematiken ab, daß es problematisch ist, die Filme mit einer „cross-culture"-Thematik zu klassifizieren. Allen gemein ist jedoch das große Ausmaß an Imagination und die deutliche Entfernung von realen kulturellen Kontexten (Nothnagel, 1989: 26). Meist bildet der Fremde in diesen Filmen nur die exotische Kulisse und ist von geringer Bedeutung für die Filmhandlung. Vielmehr scheint er als Widerpart zu der überlegenen, zivilisierten Welt zu fungieren. Eine andere Funktion des Exotischen war die Möglichkeit des Ausdrucks sonst nicht akzeptierter Themen. Besonders deutlich wird dies bei der Verbindung exotischer Schauplätze und der Darstellung erotischer Inhalte. Daß bei solchen

---

[65] Vgl. Jörg Schweinitz (1992): Prolog vor dem Film. Nachdenken über ein neues Medium. Reclam-Verlag: Leipzig.

Imaginationen eine geringe Neigung bestand, vor Ort, also „on location",
zu drehen, ist nicht verwunderlich. Der Fremde bleibt demnach ein Produkt der Phantasie (Nothnagel, 1989: 29).

Mit dem Ausklingen des Kolonialismus, den verstärkten Protesten der Minderheiten, den Bemühungen der USA um eine integrationistische Politik
und der Entdeckung der Minderheiten als eigenständigem Publikum durch
die Filmindustrie zeichnete sich Ende der 50er Jahre ein beständiger Nie-
dergang vor allem des Abenteuerfilms ab. Die eskapistischen Möglichkeiten
dieses Genres schienen sich zeitweilig erschöpft zu haben. Doch erlebte das
Genre einen erneuten Aufschwung in den 80er Jahren, in denen besonders
die amerikanische Filmindustrie wieder verstärkt in Filme dieser Art inve-
stierte.[66]

Daß die Darstellungen des Fremden nicht auf das Genre des Abenteuerfilms
beschränkt ist, zeigte sich zunehmend in den letzten Jahrzehnten. So setzt
z. B. der Science-Fiction-Film besonders jene Muster fort, die den Fremden
oder den Anderen in Verbindung mit unauffindbaren realen Kontexten
bringt. Doch immer scheint das Fremde andere Sphären zu besetzen als das
Eigene. Nothnagel (1989) findet bei seiner filmsemiotischen Analyse von
neun Filmen (aus dem Zeitraum 1932-74) heraus, daß die Verteilung verschiedener Merkmale darauf abzielt, die bekannte und die fremde Welt als
distinktive Einheiten zu konstruieren und antinomisch gegenüberzustellen:
bekannt:fremd; drinnen:draußen; Technik:Animalität; Individuum:Masse;
Ratio:Emotion; Kultur:Natur (Nothnagel, 1989: 88).

Im Gegensatz zu Nothnagel bin ich nicht der Auffassung, daß die Darstel-
lung des Fremden auf das Genre des Abenteuer- und des Science-Fiction-
Films begrenzt ist, genauso wenig, wie die filmische Konstruktion von
Fremdheit ganz wesentlich auf dem Gegensatz zwischen Kultur und Natur
basiert und damit eine direkte binäre Gegenüberstellung von Eigenem und
Fremdem bestehen muß. Die Abgrenzung zum Fremden kann viel subtilere
Formen annehmen, was bei der Analyse kultureller Stereotype im Film in
Kapitel 7 gezeigt wird.

---

[66]   Dies zeigen u. a. Filme wie Indiana Jones, Apokalypse Now oder Allan Quatermain.

Der Frage, wer in Deutschland und in Europa überhaupt als der Fremde erachtet wird, soll im folgenden Punkt nachgegangen werden.

3.2 Der Fremde in Europa

Um kulturelle Stereotype im Film untersuchen zu können, muß zunächst herausgefunden werden, wer als der kulturell „Andere" oder „Fremde" in Deutschland bzw. Europa wahrgenommen wird.

Fuchs, Gerhard & Roller (1993) haben in ihrer Studie[67] die kognitive Definition der „Anderen" und ihre Bewertung untersucht. Dabei unterscheiden sie bei der Grenzziehung zwischen zwei Ebenen: der kognitiven Grenzdefinition, d. h., wer als der Andere wahrgenommen wird, und der evaluativen Grenzdefinition, also wie der Andere bewertet wird.

Ausgehend von den Daten des Eurobarometers Nr. 30[68], untersuchen sie, inwiefern sich die Konstruktion kollektiver Identitäten verändert hat und mit welchen Faktoren dies zusammenhängen könnte. So nehmen sie an, daß die Abgrenzung nicht mehr gegen die anderen nationalstaatlichen Kollektive erfolgt, sondern seit dem 2. Weltkrieg eine Verlagerung stattgefunden hat, die mit dem die einzelnen Nationalstaaten transzendierenden westeuropäischen Einigungsprozeß sowie mit zunehmenden Migrationsströmen einhergeht. Dies könnte ihrer Ansicht nach dazu führen, daß im Innern der Nationalstaaten verstärkt Abgrenzungen gegen den kulturell Anderen oder Fremden konstruiert werden.

Grundlage ihrer Analyse sind zwei verschiedene Fragestellungen, die sich sowohl auf die kognitive Erfassung als auch auf die Bewertung des Anderen

---

[67] Dieter Fuchs; Jürgen Gerhards; Edeltraud Roller (Hg) (1993): Wir und die Anderen. „Imagined Communities" im westeuropäischen Vergleich. Wissenschaftszentrum Berlin für Sozialforschung: Berlin. Im folgenden: Fuchs et al. (1993): Wir und die Anderen.

[68] Das Eurobarometer ist eine Meinungsumfrage der Kommission der Europäischen Gemeinschaft, die ein- bis zweimal jährlich in allen europäischen Ländern durchgeführt wird. Die Befragungen widmen sich bestimmten Themen, die für die Europapolitik von Interesse sind und durch Ausschüsse der Kommission festgelegt werden. Im Eurobarometer Nr. 30 wurden die Einstellungen der Bürger gegenüber Migranten („Ausländern") und ethnischen Minderheiten sowie ihre Meinungen zu Menschenrechts- und Migrationsproblemen erhoben.

beziehen. Die erste Frage lautet: „An wen denken Sie, wenn von Leuten anderer Nationalität die Rede ist?" Die Ergebnisse dieser Umfrage lassen sich folgendermaßen in zwei Ländergruppen zusammenfassen: zum einen in Länder, in denen nicht-europäische Nationalitäten wie z. B. Türken, Araber und Asiaten am häufigsten genannt werden. Dies sind vor allem Belgien, Dänemark, Deutschland, Frankreich, Großbritannien und die Niederlande; und zum anderen in Länder, in denen hauptsächlich europäische Nationalitäten angegeben werden; das sind Griechenland, Irland, Italien, Luxemburg, Portugal und Spanien (siehe Tab. 1).

Tabelle 1: Wahrnehmung des "Anderen"[69]
(Antworten nach Ländern in %)

	Be	Dk	BRD	Fr	Gr	GB	Irl	It	Lux	Nl	Por	Sp	EG
Nord- und Mitteleuropäer	21	11	10	11	23	12	57	25	19	12	18	37	18
Südeuropäer	20	2	26	10	3	3	6	2	67	17	16	8	11
Osteuropäer	4	5	16	1	3	2	3	8	1	6	2	1	6
Türken	23	37	63	2	8	-	-	-	-	73	-	-	18
Araber	32	45	7	56	10	2	2	21	1	56	1	7	20
Asiaten	2	20	7	3	3	45	10	5	-	26	3	1	13
Afrikaner	6	2	3	4	5	7	12	16	1	1	14	6	7
Nordamerik.	4	3	5	3	16	5	22	20	1	4	6	9	8
Lateinamerik.	1	1	-	1	-	11	-	1	1	38	7	6	5
Sonstige	2	10	4	-	1	14	9	-	-	3	17	1	4
keine Angabe	16	10	7	9	28	14	4	12	7	7	27	24	13

Tab. 1: Die Wahrnehmung des Anderen.

Frageformulierung: „An wen denken Sie, wenn von Leuten einer anderen Nationalität die Rede ist?"
Mit Ausnahme von Fr, Gr, Lux, Por und Sp sind Mehrfachnennungen möglich.
Quelle: Eurobarometer Nr. 30 (1988)

---

[69]   In Anlehnung an Fuchs et al. (1993): Wir und die Anderen. S. 6.

Die zweite Frage, die nach Fuchs et al. (1993) einen Einblick in die Bewertung des „Anderen" geben soll, lautet: „Was würden Sie allgemein zur Anzahl der Menschen anderer Nationalitäten in unserem Land sagen? Sind es zu viele, viele, aber nicht zu viele oder nicht viele?" Hierbei wird die Antwort „zu viele" als eine negative Bewertung des Anderen verstanden. Diese Bewertung erfolgt am wenigsten in Ländern (Irland, Portugal, Spanien und Griechenland), die vor allem westeuropäische Nationalitäten als den Anderen wahrnehmen, wohingegen in Ländern, in denen am häufigsten nicht-europäische Nationalitäten als der Andere perzipiert werden, die höchsten Werte der negativen Bewertung vorkommen. Diese Länder sind Deutschland, Großbritannien, Frankreich und Belgien (vgl. Diagramm 1).

Diagramm 1: Bewertung des Anderen[70]

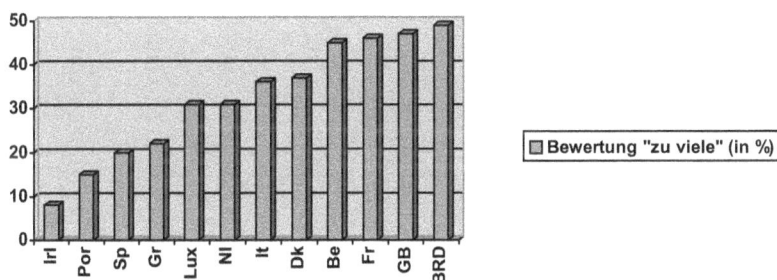

Diagramm 1: Bewertung des Anderen.

Frageformulierung: „Was würden Sie allgemein zur Anzahl der Menschen anderer Nationalität in unserem Land sagen? Sind es zu viele, viele, aber nicht zu viele oder nicht viele?"
Quelle: Eurobarometer Nr. 30 (1988)

Die Autoren dieser Studie vergleichen die Ergebnisse mit den „objektiv" statistischen Werten des Ausländeranteils der jeweiligen Länder und kommen durch eine Regressionsanalyse zu dem Resultat, daß ein deutlicher Zusammenhang zwischen der Anzahl der Ausländer aus Nicht-EG-Ländern in einem Land und der negativen Bewertung von Ausländern besteht (Fuchs et al., 1993: 10).

---

[70] In Anlehnung an Fuchs et al. (1993): Wir und die Anderen. S. 8.

Zick (1997) kommt allerdings aufgrund der Datenanalyse des Eurobarometers Nr. 30 zu ganz anderen Befunden und kann die These höchstens teilweise bestätigen, jedoch nicht ausreichend genug, um einen Kausalzusammenhang zwischen dem Ausländeranteil und Vorurteilen gegenüber Ausländern festzustellen. So kommt er u. a. zu dem Ergebnis, daß in den Stadtstaaten Deutschlands, in denen der Ausländeranteil von Personen einer nicht-europäischen Nationalität am höchsten ist, Vorurteile geringer ausgeprägt sind als in den Ländern. Diese Resultate widersprechen der These der zuvor genannten Studie. Zudem unterscheidet Zick - im Gegensatz zu Fuchs et al. - zwischen verschiedenen Indikatoren ethnischer Vorurteile, den offenen und subtilen Vorurteilen sowie Antipathien gegenüber ethnischen Minderheiten und deren Zurückweisung, und kommt u. a. zu dem Schluß, daß sich die subtilen Vorurteile der Deutschen gegenüber Türken nicht signifikant von den subtilen Vorurteilen der Niederländer gegenüber Türken und Surinamesen unterscheiden, in deren Land vergleichsweise wenig Ausländer leben.

Zick (1997) untersucht in seiner Studie andere interne und externe Faktoren, die auf die Bildung von Vorurteilen einwirken können. So stellt er Korrelationen zwischen Vorurteilen und den Determinanten Alter, Bildungsniveau, subjektiv empfundener und externer Schichtzugehörigkeit, Ingroup-Identifikation, inter-kultureller Kontakt und politischer Präferenzen fest.[71]

Mir geht es jedoch in erster Linie um die Wahrnehmung des „Anderen", des „Fremden", und nicht um seine Bewertung. Interessant an der These von Fuchs et al. ist, daß sich die Kognition des Anderen verschoben hat. Der Andere oder Fremde wird nicht (mehr) als Angehöriger der europäischen Nachbarnationen perzipiert, sondern vielmehr als der kulturell Verschiedene im eigenen Land. Im Hinblick auf die Analyse kultureller Stereotype im Film ist dies ein beachtenswerter Gesichtspunkt.

Das folgende Kapitel, das die empirische Untersuchung darstellen soll, wird sich ebenfalls mit der Frage des wahrgenommenen Fremden beschäftigen.

---

[71] Ich möchte an dieser Stelle nicht näher auf den Zusammenhang zwischen Vorurteilen und den genannten Determinanten eingehen. Zu einer ausführlichen Diskussion, vgl. Zick (1997): Vorurteile und Rassismus. S. 238-382.

Zudem wird hier nach der individuellen Rezeption kultureller Stereotype im Film gefragt.

4 Wahrnehmung kultureller Stereotype im Film: Eine empirische Untersuchung

Im vorangegangenen Kapitel wurde die Frage nach der Konstruktion von Fremdheit als eine Abgrenzungsstrategie von Gruppen in einen theoretischen Rahmen eingebettet. Stereotypisierungen haben dabei einerseits die Funktion, die komplexe Umwelt zu strukturieren und Wahrnehmungshilfen darzustellen, und andererseits, das „Eigene" und das „Fremde" als verschieden zu konstruieren.[72] Zu diesem Zweck können sie neu gestaltet werden und damit auf sich verändernde Situationen reagieren. Daß besonders der Film ein Medium für die stereotype Darstellungsweise von Fremden ist, zeigt bereits deren Behandlung in der Geschichte des Films (vgl. Kap. 3.1).[73] Doch nicht nur in kolonialer Vergangenheit wurde der Fremde im Film auf stereotype Weise repräsentiert. Unvermindert scheinen Stereotype, wenn auch in veränderter Art, in Filmen aufzutreten[74] und somit zu der Grenzziehung zwischen Kulturen beizutragen.

Um jedoch meine Ausführungen nicht nur auf theoretischen Überlegungen zu fußen, wurde eine begrenzte empirische Untersuchung durchgeführt, die nach der individuellen Wahrnehmung von Stereotypen im Film fragen soll. Leider konnte es sich aufgrund der beschränkten zeitlichen und materiellen Mittel hierbei lediglich um eine tentative Studie von explorativem Charakter handeln. Ziel der Umfrage ist zum einen herauszufinden, wie Filme, in denen kulturelle Stereotype vorkommen, rezipiert bzw. in welchem Maße überhaupt Stereotype im Film wahrgenommen werden. Auf diese Weise läßt sich ein Datensatz sammeln, der die Basis für die Analyse von Stereotypen im Film (vgl. Kap. 7) darstellt. Zum anderen verfolgt die Befragung das Ziel herauszufinden, ob kulturelle Stereotype im Film be-

---

[72] Die Funktion von Stereotypen als Rechtfertigungsmittel aggressiver Haltungen oder Handlungen gegenüber Outgroup-Mitgliedern soll keinesfalls übergangen werden, ist jedoch nicht Thema dieser Arbeit.

[73] Auf die Wahrnehmung von Filmen und ihre mögliche Beeinflussung von Zuschauern werde ich in Kapitel 6 eingehen.

[74] Die Analyse kultureller Stereotype im Film und eine exemplarische Filmanalyse wird in Kapitel 7 erfolgen.

stimmte Muster aufweisen und demnach speziellen Genres oder Erzählmustern zugeordnet werden können.[75] Es geht also nicht um den Inhalt der Stereotype, sondern um spezifische stereotype Darstellungsweisen bzw. den Zusammenhang zwischen Stereotypen und besonderen Thematiken, Erzählmustern, charakteristischen Filmtechniken usw.

Als letztes gilt es bei der Umfrage, die in Kapitel 3.2 vorgestellten Ergebnisse des Eurobarometers zu überprüfen und zu erfahren, wer als der Fremde von den Befragten wahrgenommen wird. Dies kann für die Untersuchung kultureller Stereotype im Film interessant sein.

Zielgruppe der Umfrage waren Studenten der Freien Universität Berlin. Sie wurden zum einen aus rein pragmatischen Gründen ausgewählt, zum anderen aber handelt es sich hierbei um eine Gruppe der Gesellschaft, von deren Mitgliedern man annehmen könnte, daß eine Reflektion über die entsprechenden Themen bereits stattgefunden hat und denen somit die Beantwortung der Fragen keine größeren Schwierigkeiten bereitet haben dürfte. Es wird also davon ausgegangen, daß das Merkmal „Student" in Beziehung zu dem Merkmal „Reflexion über stereotype Darstellung im Film" steht. Natürlich kann bei der begrenzten Auswahl dieser Zielgruppe kein Anspruch auf Repräsentativität erhoben werden.[76] Die Ergebnisse gelten ledig-

---

[75] Schwierigkeiten kann es bei der Zuordnung von Stereotypen zu bestimmten Genres allerdings hinsichtlich der Einordnung geben, denn Genres können nicht nach einem einzigen Kriterium definiert werden. Bordwell & Thompson (1997) stellen die verschiedenen Gesichtspunkte dar, nach denen Filme bestimmten Genres zugeordnet werden. Diese Genrekonventionen, nach denen Filme kategorisiert werden, können z. B. Darstellungsart (wie Singen und Tanzen im Musical), Erzählmuster (wie beim Detektivfilm), Emotionen, die der Film beim Zuschauer hervorrufen soll (wie bei der Komödie), Filmtechniken (wie beim Comic), Themen (wie beim Western) u. v. m. sein. Zudem ist es durchaus populär, Genreelemente in einem Film verschmelzen zu lassen. Vgl. dazu Bordwell & Thompson (1997): Film Art. S. 51-62.

[76] Zumal der Begriff der Repräsentativität nach Schuhmann (1997) ohnehin kein statistischer Fachbegriff ist und in der Literatur häufig unterschiedlich definiert wird. Meist wird damit verbunden, daß die Stichprobe ein „verkleinertes Abbild der Grundgesamtheit" darstellt. Siegfried Schuhmann (1997): Repräsentative Umfrage. Praxis-orientierte Einführung in empirische Methoden und statistische Analyseverfahren. R. Oldenburg Verlag: München, Wien. S. 84. Auch Bortz & Döring (1995) stellen fest, daß Repräsentativität in der Forschungspraxis eher eine theoretische Zielvorgabe als ein Attribut konkreter Untersuchungen darstellt. Jürgen Bortz; Nicola Döring (1995): Forschungsmethoden und Evaluation. Springer-Verlag: Berlin, Heidelberg. S. 373.

lich für die betroffene Gruppe, aus der 98 Personen den Fragebogen beantwortet haben. Bei dieser Umfrage sollen keine Hypothesen überprüft werden. Vielmehr soll es sich um eine hypothesengenerierende Untersuchung handeln.

Der folgende Punkt wird die Vorgehensweise bei der Erstellung der Fragebögen und der Durchführung der Umfrage kurz illustrieren.

4.1 Vorgehensweise

Bei der Erstellung des Fragebogens standen besonders zwei Gesichtspunkte im Vordergrund. Zum einen sollte der Fragebogen so kurz und prägnant wie möglich ausfallen, um eine Überstrapazierung der Befragten zu vermeiden. Ein zu umfangreicher Fragenkomplex hätte die Befragten u. U. von der Beantwortung abhalten können. Aus diesem Grund wurde die Konzeption des Fragebogens auf fünf Punkte beschränkt. Zum anderen sollte der Fragebogen so verständlich wie möglich abgefaßt sein. Ein Begleitschreiben sollte einen kurzen Einblick in das Vorhaben der Untersuchung gewähren und die Befragten in die Thematik einführen. Frage 1 klärt zusätzlich über deren Sachverhalt auf. Um den komplizierten Begriff „kulturelle Stereotype im Film" zu vermeiden, wurde dieser in der Überschrift durch die Formulierung „Fremder im Film" ersetzt. Außerdem gibt Frage 1 eine skizzenhafte Definition kultureller Stereotype, damit keine begrifflichen Unklarheiten entstehen. Allein aus diesem Grund ist die entsprechende Frage etwas ausführlicher ausgefallen. Ansonsten wurde darauf geachtet, die Sätze aus Gründen der Übersichtlichkeit und Verständlichkeit möglichst knapp zu formulieren.

In einem Pretest, bei dem 15 Personen befragt wurden, sollte der bis dato erstellte Fragebogen auf seine Verständlichkeit und leichte Handhabung überprüft werden. Auf dieser Grundlage wurde der Aufbau des Fragebogens noch einmal verändert und die Fragen etwas umformuliert.

Der Fragebogen enthält eine Kombination aus offenen und geschlossenen Fragen. Bei Frage 1, 4 und 5 sind keine Antwortmöglichkeiten vorgegeben. Dem Befragten war die Zahl der Nennungen hierbei freigestellt. Und auch Frage 2 enthält keine Antwortangaben, jedoch mit dem Unterschied, daß

hier die Frage bereits durch die Vorgabe verschiedener Kategorien strukturiert ist. Hier waren ebenfalls mehrere Nennungen möglich. Frage 3 stellt
eine geschlossene Frage dar. Die Antworten sind eindeutig vorgegeben.

Bei diesem Fragebogen wurden vorwiegend offene Fragen gestellt, da sie
den Vorteil haben, den Spielraum des Befragten nur wenig einzuschränken.
Auch wenn sie dem Befragten mehr abverlangen als geschlossene Fragen,
weil sie das Erinnerungsvermögen besonders stark beanspruchen, scheinen
sie für das zu behandelnde Thema besonders geeignet zu sein, denn Ziel
der Umfrage sind u. a. sowohl die Erhebung von Informationen (Frage 1
und 2) sowie die Eruierung eines bisher wenig bekannten Themengebiets
(Frage 4) als auch die Überprüfung der Umfrageergebnisse des Eurobarometers, bei der ebenfalls Mehrfachnennungen möglich waren (Frage 5).

In Frage 1 wird nach Filmen gefragt, die nach Meinung des Befragten besonders von kulturellen Stereotypen geprägt sind. Ein Unterpunkt dieser
Frage soll den Inhalt der Stereotype herausfinden und gleichzeitig untersuchen, ob kulturelle Stereotype von dem Befragten als positive, negative oder
neutrale Kategorien aufgefaßt werden. Die Konzeption des Fragebogens
läßt dies bewußt offen.

Frage 2 stellt eine Spezifizierung von Frage 1 dar. Hier soll dem Befragten
die Beantwortung erleichtert werden, indem Kategorien vorgegeben wurden, die bestimmte, grob zusammengefaßte Kulturkreise benennen.

In Frage 3 wird nach dem Ausmaß der Stereotypisierung in fünf vorgegebenen Filmen gefragt. Die subjektive Empfindung des Rezipienten steht
hierbei verstärkt im Vordergrund. Ausgewählt wurden diese Filme, um ein
besonders breites Spektrum, soweit es in diesem Umfang möglich ist, abzu-
decken. Zum einen wurden verschiedene Genres in die Liste der Filme aufgenommen, zum anderen sowohl kommerzielle, wie *James Bond*, als auch
weniger kommerzielle Filme, von denen anzunehmen ist, daß sie ebenfalls,
wenn nicht gar vermehrt, von Studenten rezipiert werden. Genauso wurden
sowohl deutsche als auch nicht-deutsche Filme ausgewählt.

Frage 4 legt den Schwerpunkt auf den deutschen Film, denn obwohl der
amerikanische Film den deutschen Markt entscheidend beeinflußt (vgl. Kap.
5.1), scheinen doch die deutschen Produktionen immer mehr an Bedeu-

tung zu gewinnen. Zudem ist es offenbar ein Charakteristikum des deutschen Films, den „Fremden" oder den „Anderen" auf verschiedene Weise zu problematisieren (vgl. Kap. 7). Inwiefern dies auch von den Rezipienten wahrgenommen wird, soll an dieser Stelle herausgefunden werden.

In Frage 5 letztlich wird, wie bereits erwähnt, das Ergebnis des Eurobarometers für die Zielgruppe der Umfrage überprüft. Für eine Arbeit über kulturelle Stereotype, die als Abgrenzungsmittel zwischen den Kulturen behandelt werden, ist es unerläßlich zu eruieren, wer überhaupt von den Befragten als der „Fremde" gesehen wird. Interessant wäre es dabei, festzustellen, ob Unterschiede zwischen Personen mit verschiedenen Muttersprachen bestehen. Allerdings ist es fraglich, ob genug Personen verschiedener Muttersprachen den Fragebogen beantwortet haben, um Aussagen darüber treffen zu können.

Nach dem Erstellen des Fragebogens war ein zweiter Schritt sein Verschicken. Dafür mußten zunächst aus dem vorhandenen elektronischen Adreßverzeichnis der Freien Universität Berlin 200 Personen ausgewählt werden, an die ein Fragebogen geschickt werden sollte. Die postalische Anschrift der FU-Studenten war aufgrund des Datenschutzes leider nicht zugänglich. Daher beschränkt sich die Umfrage allein auf Studenten, die eine E-Mail-Adresse besitzen. Es ist jedoch nicht zu erwarten, daß der Besitz einer E-Mail-Adresse in Beziehung steht mit dem Merkmal „Reflexion über Filme". Dennoch darf dies bei der Auswertung der Ergebnisse nicht außer acht gelassen werden. Aus den vorhandenen Adressen wurden per einfacher Zufallsstichprobe 200 Personen herausgefiltert.

Von den angeschriebenen StudentInnen haben 98 den Fragebogen beantwortet. Das entspricht einer Rücklaufquote von 49%. Die ausgefüllten Fragebogen wurden nun in einem dritten Schritt ausgewertet. Die Ergebnisse der Auswertung sind im Punkt 4.2 festgehalten. Zuvor soll jedoch noch einmal auf die Schwierigkeiten und möglichen Fehlerquellen der Umfrage eingegangen werden.

4.2 Kritische Anmerkungen zu der Umfrage

Die Schwächen des Fragebogens und die Durchführung der Umfrage sind mögliche Einflußfaktoren auf die Untersuchungsergebnisse und daher unbedingt herauszustellen und kritisch zu betrachten.

Grundlage der Fragenformulierung ist eine genaue Begriffsbestimmung, um Mehrdeutigkeiten zu vermeiden. Durch die vorgenommene Begrenzung des Fragebogenumfangs war dies jedoch bei dem zentralen Begriff „kulturelle Stereotype" leider nicht in ausreichendem Maße möglich, so daß anzunehmen ist, daß die Befragten verschiedene Phänomene unter diesem Begriff verstanden haben. Aus den gleichen Gründen wurde auch auf eine Definition des Begriffes Kultur verzichtet, der aber ebenfalls auf unterschiedliche Weise interpretiert werden kann.

Eine weitere Schwachstelle des Fragebogens ist die grobe Kategorisierung, die in Frage 2 vorgegeben wurde. Zum einen scheint sie die Beantwortung dieser Frage zu erschweren, wie hier an dem mäßigen Antwortverhalten zu erkennen ist, zum anderen scheint sie auf seiten des Befragten die Befürchtung auszulösen, mit der Beantwortung der Frage selbst Stereotypisierungen vorzunehmen.

Eine andere Schwierigkeit hinsichtlich der Beantwortung offener Fragen liegt in der starken Beanspruchung des Erinnerungsvermögens. Besonders bei der Frage nach Filmen, die von kulturellen Stereotypen geprägt sind (Frage 1 und 2), scheint eine extrem hohe Anforderung an den Befragten vorzuliegen, welche die Rücklaufquote in großem Maße gemindert haben könnte. Und auch in Frage 3 besteht das Problem des Erinnerns. Oft können Rezipienten zwar den genannten Film gekannt haben, sind aber nicht in der Lage, sich derart zu erinnern, daß sie imstande wären, das Ausmaß der Stereotypisierung einzuschätzen.

Ein Schwachpunkt der Umfrage liegt weiterhin in der Auswahl der Zielgruppe. Auch wenn Studenten eine für das Thema geeignete, relativ homogene Gruppe darstellen, so machen sie doch nur 3% der Gesamtbevölkerung aus (Bortz & Döring, 1995: 74). Demnach können die Ergebnisse der Umfrage in keiner Weise generalisiert werden. Hinzu kommt, daß nicht für alle Studenten der FU die gleiche Möglichkeit bestanden hat, in die Stichprobe aufgenommen zu werden, sondern lediglich der Teil, der sich im Besitz einer E-Mail-Adresse befindet. Die Ergebnisse gelten also allein für Studenten mit E-Mail-Adresse, die freiwillig dazu bereit waren, den Fragebogen auszufüllen.

4.3 Ergebnisse

An der Umfrage haben von den 200 Befragten 98 Personen teilgenommen, davon rund 43% Männer und ca. 57% Frauen. Die Befragten befanden sich im Alter zwischen 21 und 33 Jahren und waren größtenteils deutsche MuttersprachlerInnen (94%). Zu den anderen Muttersprachen zählten Polnisch, Iranisch, Finnisch, Türkisch und Britisch. Die Studenten gehörten dabei den verschiedensten Studienfachrichtungen an[77].

Allgemein läßt sich aus den Ergebnissen der Umfrage feststellen, daß stereotype Darstellungen von Kulturen im Film in großem Umfang von der befragten Personengruppe wahrgenommen werden. Die Antworten auf Frage 1 lassen diesen Schluß zu, da hier keine signifikanten Mehrfachnennungen von Filmen auftreten, sondern eine große Bandbreite unterschiedlicher Filme und Filmgenres angegeben wurde[78]. Vielmehr scheint der Rezeption kultureller Stereotype keine Grenzen gesetzt zu sein, sie kommen demzufolge in sehr vielen Filmen vor.

Interessanterweise wurden bei keiner Frage als Antwort Dokumentarfilme genannt[79], obwohl die Fragestellung dies offenließ. Die Erinnerung an kulturelle Stereotype scheint sich bei einer spontanen Beantwortung auf Spielfilme zu beschränken[80]. Ein Grund ist vermutlich die einfache Tatsache, daß

---

[77] Diese waren: Germanistik, Romanistik, Geschichte, Theaterwissenschaften, Politikwissenschaft, Publizistik, Wirtschaftswissenschaften, Informatik, Jura, Pharmazie, Erziehungswissenschaften, Veterinärmedizin, Psychologie, Mathematik, Filmwissenschaften, Sozialpädagogik, Medizin, Geographie, Soziologie, Amerikanistik, Physik, Sportmedizin, Chemie, Biologie und Geologie.

[78] Eine Liste der angegebenen Filme befindet sich im Anhang 2.

[79] Mit Ausnahme der Filme *Buena Vista Social Club* und *Havanna Mi Amor*, Filme dokumentarischen Charakters, die allerdings auch Spielfilmelemente aufweisen.

[80] Es wurden nur Spielfilme genannt, mit einer Ausnahme: Bei der Frage nach dem „typischen" Araber gab eine Person die Antwort: „Hab immer nur das Bild von den Nachrichten im Kopf (kämpfende, gewalttätige Araber)".

Spielfilme häufiger konsumiert werden als Dokumentarfilme, allein schon wegen der Programmstruktur von Fernsehen und Kino. Es ist aber auch möglich, daß kulturelle Stereotype besonders in fiktivem Zusammenhang wahrgenommen werden, Dokumentarfilmen hingegen ein größerer Wahrheitsgehalt zugeschrieben und somit nicht mit Stereotypen in Verbindung gebracht werden.

In Frage 1a wurde nach den stereotypen Eigenschaften der Kulturen, die in dem zuvor genannten Film auftraten, gefragt. Die Antworten wurden in einem Schema zusammengefaßt, das nach negativen, neutralen und positiven Stereotypen trennt. Auch wenn einige Eigenschaften nicht genau einer Kategorie zugeteilt werden konnten bzw. je nach individueller Einschätzung zu verschiedenen Kategorien gehören könnten, so läßt sich doch ein eindeutiger Trend feststellen, wie Tab. 2 zeigt: Über die Hälfte (55,1%) der stereotypen Zuschreibungen ist negativer Art. Das bedeutet also, daß Fremdbilder tendenziell negativ gezeichnet, daß aber „Fremden" ebenso neutrale oder positive Eigenschaften zugeschrieben werden. Das hieße, daß die Abgrenzung nach außen nicht zwingenderweise über negative Outgroupbeschreibungen ablaufen muß.

Die Personen allerdings, deren Muttersprache nicht Deutsch ist, haben vornehmlich Filme angegeben, in denen westeuropäische Kulturen vorkommen, und haben die darin auftretenden Personen mit negativen Eigenschaften belegt. Jedoch ist der Anteil der nichtdeutschen Muttersprachler zu gering (6%), um eine sinnvolle Aussage über ihr Antwortverhalten machen zu können.

Tabelle 2: Negative, neutrale und positive Stereotype im Film

Stereotype	Häufigkeit der Nennungen in %
negativ	55,1
neutral	19,4
positiv	24,5

Tabelle 2: Negative, neutrale und positive Stereotype im Film.

Frageformulierung: „Welche Eigenschaften oder Verhaltensmerkmale werden in diesem Film Personen einer bestimmten Kultur zugeschrieben?"

Zu der Tatsache, daß der überwiegende Teil der genannten Stereotype negativer Art ist, kommt der Befund, daß Personen der unterschiedlichsten Kulturen mit den gleichen Attributen versehen wurden. So werden die Adjektive „kriminell" (11,2% der negativen Stereotype), „aggressiv" (6,6%), „faul" (4,1%) und „ungebildet" (4,1%) von mehreren Personen dazu verwandt, unterschiedliche Kulturen zu beschreiben. Dies legt den Schluß nahe, daß Stereotype ein bestimmtes Muster von Zuweisungen enthalten, unabhängig von der von ihnen umschriebenen Kultur. Das bedeutet, daß der Inhalt der Stereotype bei der Analyse in Kapitel 7 nicht relevant ist, sondern daß es vielmehr um die Untersuchung der Strukturen gehen soll.

In Frage 2, in der nach Filmen mit „typischen" Vertretern bestimmter Kulturen gefragt wurde, lassen sich eindeutige Übereinstimmungen der genannten Filme feststellen.[81] Die häufigsten Nennungen bei den jeweiligen vorgegebenen Kategorien, die Übereinstimmungen aufweisen, sind folgende:

Amerikaner: *American Beauty* (von 25,5% der Personen genannt)

Afrikaner: *Die Götter müssen verrückt sein* (von 32,6% der Personen genannt)

Lateinamerikaner: *Buena Vista Social Club* (von 28,6% der Personen genannt)

Türken: *Knockin' on heavens door* (von 13,3% der Personen genannt)

Araber: *Lawrence von Arabien* (von 34,7% der Personen genannt) und *Nicht ohne meine Tochter* (von 19,4% der Personen genannt)

Australier: *Crocodile Dundee* (von 46,9% der Personen genannt)

Die mehrfache Nennung der Filme läßt es zu, diese in die Liste der zu analysierenden Filme mit aufzunehmen.

Auffallend bei der Beantwortung der Frage 2 ist, daß häufig nicht Filme, sondern Schauspieler genannt wurden, die für eine bestimmte Kultur stehen wie z. B. Moritz Bleibtreu für Türken, Louis de Funés für Franzosen sowie Tom Hanks und John Wayne für Amerikaner. Gemeint ist allerdings nicht der Schauspieler als Individuum, sondern das Image, das er innehat. Auf

---

[81] Leider fiel jedoch das Antwortverhalten zu dieser Frage im Vergleich zu den anderen recht schwach aus, was möglicherweise das Ergebnis beeinflußt hat. Zu den Problemen dieser Frage, vgl. Kapitel 4.2.

dieses „Starphänomen" und auf die Frage, inwieweit es eine Bedeutung für das Auftreten kultureller Stereotype hat, wird Kapitel 7 eingehen.

Gegenstand der Frage 3 war das Ausmaß der Stereotypisierungen von Kulturen in fünf vorgegebenen Filmen. Das Ergebnis veranschaulicht die Tabelle 3.

Tabelle 3: Wahrgenommenes Maß an Stereotypisierungen (in %)

Filmtitel	stark	mittel	wenig	gar nicht	unbekannt
Keiner liebt mich	7,1	13,3	20,4	0	69,2
Nicht ohne meine Tochter	66,3	0	0	0	33,7
Yasemin	8,2	0	0	0	91,8
Once were warriors	25,5	0	0	8,2	66,3
James Bond	8,2	20,4	6,1	14,3	51

Tabelle 3: Wahrgenommenes Maß an Stereotypisierungen.

Frageformulierung: „Nachfolgend habe ich Filme aufgelistet, in denen Menschen verschiedener Kulturen vorkommen. Dabei werden jeweils Merkmale der Kultur mehr oder weniger deutlich akzentuiert. Markiere bitte, in welchem Maße der jeweilige Film Deiner Meinung nach von diesen Merkmalen geprägt ist."

Leider haben die meisten Befragten einen Großteil der Filme nicht gekannt. Dies wird besonders bei dem Film *Yasemin* deutlich, bei dem die Kategorie „unbekannt" zu 91,8% angekreuzt wurde. Eine zulässige Aussage über das wahrgenommene Maß der Stereotypisierungen ist hier nicht möglich. Anders jedoch bei dem Film *Nicht ohne meine Tochter*. Die 66,3% der Personen, die sich an den Film erinnern konnten, haben ihn auch als stark stereotyp eingestuft. Bei den übrigen drei Filmen scheinen die Meinungen auseinanderzugehen. Dies zeigt sich insbesondere bei dem Film *James Bond*, den die 51% derjenigen, die den Film kannten, zu 8,2% als stark bzw. mittel (20,4%), wenig (6,1%) und gar nicht (14,3%) stereotyp empfanden. Es verdeutlicht, wie unterschiedlich die Wahrnehmung von kulturellen Stereotypen im Film ist. Auf den aktiven Anteil des Zuschauers hinsichtlich der Bedeutungskonstruktion soll daher das Kapitel 6.2 näher eingehen.

Frage 4 sollte klären, ob nach Meinung der Befragten auch der deutsche Film „Fremde" thematisiert und in welcher Weise diese wahrgenommen werden. Aus dem Antwortverhalten konnten eindeutig sechs Kategorien herausgebildet werden, die wie folgt lauten:

Problematisierung von Ausländern: 24,5% der Nennungen

Stereotypisierungen: 20,4% der Nennungen

Türken: 19,4% der Nennungen

Komödien: 14,3% der Nennungen

Moritz Bleibtreu: 14,3% der Nennungen

Ignoranz des Themas: 7,1% der Nennungen.

Auffällig ist, daß bei der Verbindung von deutschem Film und „Ausländern" den meisten Befragten Stereotype einfallen, was allerdings mit dem Thema des Fragebogens zusammenhängen kann, sowie deren Problematisierung oder komödienhafte Darstellung. Könnte es ein Muster von Stereotypisierungsprozessen im Film sein, daß der Fremde entweder auf problematische oder auf eine ironische, lustige Weise dargestellt wird? Dieser Frage soll bei der Analyse der Stereotype im Film in Kapitel 7 ebenfalls nachgegangen werden.

Zudem haben wir auch hier - wie in Frage 2 - die häufige Nennung eines deutschen Stars, Moritz Bleibtreu, der mit der Darstellung von „Ausländern" in Verbindung gebracht wird. Die Personen, die in dieser Frage den Namen des Schauspielers notiert haben, sind jedoch nicht diejenigen, die schon in Frage 2 das Bild von Moritz Bleibtreu im Kopf hatten. Insgesamt haben sich 35% der Befragten an das Image Moritz Bleibtreus im Zusammenhang mit kulturellen Stereotypen erinnert. Dies soll, wie bereits erwähnt, in die Analyse der Stereotype im Film mit einfließen.

In Frage 5 sollte der Vergleich zur Studie des Eurobarometers (vgl. Kap. 3.2) gezogen werden, indem danach gefragt wurde, an Menschen welchen Landes der Befragte denkt, wenn von Leuten anderer Kultur die Rede ist. Die Beantwortung ergab, daß 95% der Befragten nicht-europäische Nationalitäten genannt haben. Dies stimmt also mit den Ergebnissen des Eurobarometers überein; jedoch gibt es keine Bestätigung der Behauptungen Fuchs' et al., daß besonders die Nationalitäten, die am stärksten in einem Land vertreten sind, als der „Fremde" wahrgenommen werden. Von den 95% der angegebenen Nicht-Europäer sind ein Großteil Asiaten (40%) und Afrikaner (22%) angegeben worden. Interessant bleibt aber die Tatsache, daß Menschen aus europäischen Staaten nicht als der „Fremde" wahrgenommen werden. Die Untersuchung der Stereotype im Film in Kapitel 7 sollte daher in Betracht ziehen, ob dies Auswirkungen auf die Fremddarstellung hat.

An dieser Stelle soll noch einmal betont werden, daß die Ergebnisse der Umfrage nicht repräsentativ sein können. Es handelt sich vielmehr um eine Annäherung an das Thema.

5   Wirtschaftliche und politische Faktoren

Bei der empirischen Untersuchung sollte die individuelle Wahrnehmung kultureller Stereotype im Film im Vordergrund stehen. Das folgende Kapitel dagegen wird das Thema aus einem anderen Blickwinkel beleuchten. Politische und Wirtschaftliche Faktoren, die das Auftreten kultureller Stereotype im Film begünstigen, werden hierin aufgezeigt.

5.1   Geld regiert die Medienwelt: Der Filmmarkt in Europa

„Über 80% der afrikanischen Filme zeigen Dörfer. Außerhalb des afrikanischen Kontinents erhält man den Eindruck, ganz Afrika sei ein Dorf.... Für wen sind die Dörfer unentbehrlich? Für diejenigen, die die Filme finanziell unterstützen?"[82] Die kenianische Regisseurin Kinyanjui berichtet über die Produktionsbedingungen in Afrika. Da es in den meisten afrikanischen Ländern bisher noch keine gezielte Filmförderungspolitik gibt, sind die Filmemacher darauf angewiesen, in Europa bei verschiedenen Organisationen Geld für ihre Projekte zu sammeln. Dies bedeutet gleichzeitig, daß die Drehbücher den Erwartungen der Geldgeber angepaßt werden müssen, die wiederum an ihren „Afrika-Bildern, am film-village" (Kinyanjui, 1993: 21), festhalten[83]. Doch fordert Filippe Sawadogo, Festivalleiter der FESPACO '93[84]: „Afrika muß das Kino nutzen, um sich zu befreien. Bis heute ist unser Kino kolonialisiert, sind unsere Leinwände kolonialisiert, gibt es kaum Möglichkeiten, unsere eigenen Bilder zu zeigen. ... Wir wollen andere Bil-

---

[82]   Wanjiru Kinyanjui (1993): Ouagadougou 1993 - Über Filme und Dörfer. In: Haus der Kulturen der Welt (Hg.) (1993): Filmwelt Afrika. Retrospektive des panafrikanischen Filmfestivals FESPACO in Ouagadougou, Burkina Faso. MovimentoDruck: Berlin. S. 20.

[83]   Daß der afrikanische Film dadurch immer noch abhängig von seinen Geldgebern ist, zeigt Manthia Diawara (1992) in seiner Monographie: African Cinema. Politics and culture. Indiana University Press: Bloomington, Indianapolis.

[84]   Das panafrikanische Filmfestival FESPACO (Festival panafricain du cinéma et du télévision Ouagadougou) findet seit 1979 alle 2 Jahre in Ouagadougou, Burkina Faso, statt.

der liefern. Es geht um den Erhalt unserer kulturellen Identität und die Darstellung der Geschichte unseres Kontinents aus unserer Sicht."[85]

Daß im Film Kultur, Wirtschaft und Politik aufs engste miteinander verbunden sind, wird von vielen Autoren außer acht gelassen. Aber als Massenphänomen ist das Kulturgut Film auch stets Wirtschaftsgut (Frenzel, 1999: 23; Berg & Hickethier, 1994: 18): „There can be no understanding of popular film without reference to the market, because popular cinema has only existed in a market economy."[86] Berg & Hickethier (1994) weisen allerdings darauf hin, daß man unterscheiden muß, zu welcher Wirtschaftsform der Film gehört, denn er ist in keinem Fall ausschließlich der freien Marktwirtschaft überlassen: „Selbst Margret Thatcher hat, als sie noch Premierministerin war und das absolute Spiel des Marktes propagierte, klammheimlich etwas für den britischen Film gemacht."[87]

Das „Kulturgut" Film ist gleichzeitig Gegenstand der Politik, denn immerhin wird der Film weitverbreitet als „Spiegelbild eines Staates und einer Gesellschaft" gesehen, der wichtige Informationen über andere Länder und andere Kulturen transportiert (Berg & Hickethier, 1994: 17). Das Fernsehen spielt dabei eine besonders große Rolle: „Television is the most important source of information and entertainment in European Societies, with

---

[85] Zitiert in Karl Rössel (1993): Jenseits von Europa. Eindrücke vom 13. Panafrikanischen Filmfestival 1993 in Ouagadougou. In: Haus der Kulturen der Welt (Hg.): Filmwelt Afrika. Retrospektive des panafrikanischen Filmfestivals FESPACO in Ouagadougou, Burkina Faso. MovimentoDruck: Berlin. S. 25.

[86] Richard Dyer; Ginette Vincendeau (Hg.) (1992): Popular European Cinema. Routledge: London, New York. S. 4. Im folgenden: Dyer & Vincendeau (1992): Popular European Cinema. Die Autoren weisen ferner darauf hin, daß die Popularität eines Filmes sowohl an dem kommerziellen Erfolg als auch an der Anzahl der Rezipienten zu erkennen ist. Der Film, der am meisten eingespielt hat, muß nicht gleichzeitig von der größten Publikumsmenge rezipiert worden sein. Die Erstausstrahlung eines Films in einer Großstadt kann einen größeren wirtschaftlichen Erfolg mit weniger Zuschauern erzielen als ein Film, der jahrelang in jedem kleinen Kino landesweit gezeigt wird. Abgesehen davon, können wirtschaftliche Erfolgszahlen meist nicht regionale oder sub-kulturelle Unterschiede im Publikum erfassen. Um die Popularität eines Filmes zu untersuchen, müssen daher sowohl wirtschaftliche als auch anthropologische Ansätze in Betracht gezogen werden.

[87] Jan Berg; Knut Hickethier (Hg.) (1994): Filmproduktion, Filmfinanzierung, Filmförderung. rainer bohn verlag: Berlin. S. 19.

62

98% of homes having a television, and the avarage European watching more than 200 minutes television per day."[88] Daß fiktionale Unterhaltung[89], also Serien und vor allem Filme, den Hauptteil der Programmstruktur der Fernsehsender ausmacht, zeigt Tabelle 4.

Der Film ist Kulturträger, der, wie vielleicht kein anderes Ausdrucks- und Kommunikationsmittel, das Bild von der Identität des Menschen und ebenso das Bild von den regionalen, nationalen, europäischen und internationalen Elementen von Identität trägt. Von politischer Bedeutung ist insbesondere auch das Transportieren und Rezipieren dieses Bildes von den kollektiven Identitäten über die nationalen Grenzen hinaus, wofür sich das Medium Film aufgrund der allgemeinen Verständlichkeit der Bildersprache vergleichsweise gut eignet. Der öffentliche und massenhafte Charakter der Filmrezeption verleiht diesem Export und Import der Bilder des „Eigenen" und des „Anderen" eine besondere Relevanz.

Massenmedien dienen nach Auffassung der Systemtheorie der Integration des einzelnen in die Gesellschaft. Sie vermitteln ihm soziale Normen und Werte und eröffnen ihm die Chance, am öffentlichen Leben teilzunehmen. Zudem schaffen sie einen Vorrat an Themen, die alle Bürger mehr oder minder betreffen, und prägen damit die Primärkommunikation (Wilke, 1996: 22). Daß gerade in Europa der Bedarf an kollektive Identitäten transportierenden Bildern besonders groß ist[90], stellt Wim Wenders (1993) fest: „Europe is still just a feeble idea - we've seen this several times recently how weak it is. Europe can only arrive and settle in people's heads in all these different countries if it appears for a long time in our imagery and our common imagination."[91]

---

[88] Cinema Journal Nr. 4, 2000. Im Internet unter:
      http://europa.eu.int/comm/avpolicy/intro/intro_en.htm

[89] Auf die Bedeutung von Narationen als Teil fiktionaler Unterhaltung wird Kapitel 6.1 näher eingehen.

[90] Nicht nur in Europa wird der Film als Schaffung kollektiver Identitäten „gebraucht", sondern auch in anderen Ländern, Regionen und Kontinenten, wie wir in der Einleitung des Kapitels bereits erfahren haben (vgl. S. 45).

[91] Wim Wenders (1993): A Dose Of Reality. Introduction From The Chairman Of The European Film Acadamy. In: Angus Finney (1993): A Dose Of Reality. Vistas Verlag GmbH: London. S. 8.

Sendungsanalyse, Zeitumfang in Prozent[92]

Programm-charakteristik	RTL		SAT.1		ARD		ZDF		Pro Sieben		VOX	
	1998	1999	1998	1999	1998	1999	1998	1999	1998	1999	1998	1999
Redaktionelle Sendungen	76,1	75,6	76,7	76,5	91,5	91,3	91,0	91,2	75,7	75,4	77,0	77,6
Fernseh-publizistik	32,9	31,3	20,9	27,0	35,6	33,2	45,9	39,8	17,2	22,0	20,0	17,1
Nachrichten-sendungen	7,1	7,1	7,1	7,2	15,0	12,6	14,8	14,4	3,9	5,2	3,6	2,2
Magazin-sendungen	21,8	21,8	10,6	16,6	10,2	8,8	16,3	12,5	13,3	14,5	3,5	5,0
Talk-Shows	1,9	1,9	3,2	-	2,9	3,0	1,1	1,1	-	1,0	0,9	0,0
Sonstige Formate	2,1	0,5	-	3,2	7,5	8,8	13,7	11,8	-	1,3	12,0	9,9
Fernseh-unterhaltung	43,2	44,3	47,8	41,2	54,3	56,5	42,6	49,3	58,5	53,4	57,0	60,5
Fiktionale Unterhaltung	37,6	32,7	40,5	33,6	39,1	42,8	33,8	37,7	57,1	50,6	44,1	47,4
Non-fiktionale Unterhaltung	5,6	11,6	7,3	7,6	15,2	13,7	8,8	11,6	1,4	2,8	12,9	13,1
Sportsendungen	-	-	8,0	8,3	1,5	1,4	2,5	2,1	-	-	-	-
Kindersendun-gen	-	-	-	-	-	-	-	-	-	-	-	-
Religiöse Sendungen	-	-	-	-	0,1	0,2	-	-	-	-	-	-
Programmver-bindungen u. -überbrückungen	4,1	4,5	3,5	3,8	2,7	3,4	2,4	2,1	4,5	4,4	3,1	2,9
Werbung / Spon-sorenhinweise	19,8	19,9	19,8	19,7	5,8	5,3	6,6	6,7	19,8	20,2	19,9	19,5
Gesamt	100	100	100	100	100	100	100	100	100	100	100	100

Tabelle 4: Gesamtübersicht über die Programmstruktur in der Prime Time (18 – 23 Uhr).
Quelle: Arbeitsgemeinschaft der Landesmedienanstalten[93].

Rund 50% der Hauptsendezeit fällt auf die Fernsehunterhaltung, wovon die fiktionale Unterhaltung den größten Teil ausmacht.

Ob die Massenmedien und die Gestaltung einer europäischen Identität
wirklich eine derart starke Integrationskraft besitzen, ist jedoch fraglich,
denn die „Euroidentität" schafft wenig Raum für die große Anzahl an Migranten und Bevölkerungsanteilen, die in der Diaspora leben (Morley &

---

[92]   Auf die Hauptsendezeit zwischen 18 und 23 Uhr an einem durchschnittlichen Sendetag (=5 Stunden) bezogene Prozentwerte aus jeweils zwei Stichprobenwochen für
1998 und 1999.

[93]   Im Internet unter: www.alm.de/index2.htm

Robins, 1995: 3): „In the new Europe the same exclusionary principles continue to operate and European identity is still constructed against those - without and within - who appear to be non-European or anti-European. Today it is perhaps the Japanese, the Muslims and the poor who are most seen to threaten the European ideal."[94]

In Europa wurde und wird häufig die Übermacht des US-amerikanischen Filmmarktes lamentiert (Finney, 1993; Becker & Rehbinder, 1989 u.v.m.). Tabelle 5 zeigt im Überblick die Marktanteile US-amerikanischer Produktionen in verschiedenen europäischen Ländern.

Tabelle 5: Marktanteile US-amerikanischer Filme in Europa (in %)

	1993	1994	1995	1996	1997	1998	1999
B	71,8	74,7	73,2	80,1	82,1	87,4	76,7
Ch	72,4	79,9	73,0	69,9	73,6	72,3	75,6
D	**87,8**	**81,6**	**87,1**	**75,1**	**70,5**	**85,4**	**-**
Dk	74,0	66,7	81,1	67,1	66,5	77,8	58,7
E	75,5	72,3	72,1	78,3	67,9	78,5	64,2
F	57,1	61,0	53,9	54,3	52,5	64,0	54,1
Fin	63,0	66,0	76,5	72,2	73,1	80,0	58,6
Gr	75,0	82,0	73,0	80,0	80,0	80,0	-
I	68,1	65,0	62,8	60,8	48,7	65,2	-
Is	-	-	-	85,2	82,0	92,3	87,3
L	79,5	84,0	82,4	78,5	68,4	80,7	70,8
Nl	89,3	89,9	82,0	89,7	84,5	89,9	75,8
S	72,7	70,0	65,4	67,5	66,7	76,1	68,2
UK	94,2	-	83,7	-	-	86,0	-

Tabelle 5: Marktanteile US-amerikanischer Filme in Europa.
Quelle: EDI data elaborated by MEDIA Salles[95]

In den meisten europäischen Ländern liegt der Anteil US-amerikanischer Filmproduktionen mit 60-90% überdurchschnittlich hoch, mit Ausnahme von Frankreich, das ein besonders gut entwickeltes Filmförderungssystem besitzt.

---

[94] Morley & Robins (1995): Spaces of identity. S. 21.
[95] MEDIA Salles (2000): European Cinema Yearbook. Annuario Statistico del Cinema Europeo. Les Chiffres Clefs du Cinéma Européen. Mailand. Im Internet unter: www.mediasalles.it/yearbook.htm

Die bestehende Dominanz US-amerikanischer Produktionen auf dem audiovisuellen Markt in Europa löst oft Ängste vor einem amerikanischen Kulturimperialismus aus. Andererseits wird die europäische Identität mit Hilfe des imaginären Amerikas konstruiert. Die "Idee Amerika" spielt also eine komplexe und bedeutende Rolle in der Konstituierung europäischer kultureller Identität. Beachtenswert ist hierbei Armand Mattelarts (1979) Anmerkung, daß die Idee eines monolithischen, triumphierenden Imperialismus, der alle Diversität auslöscht und alle Kulturen vereinheitlicht, absurd sei (Mattelart, 1979: 61). Auch die Befürchtung, in europäischen Filmen würde der Stil amerikanischer Produktionen nachgeahmt, ist nicht immer berechtigt. Vielmehr scheint Europa von der amerikanischen Vorgehensweise in Produktion und Distribution lernen zu können, genauso wie amerikanische Produktionsfirmen auf Ideen aus Europa angewiesen sind (Finney, 1993: 29). Dennoch wurde das Konzept des nationalen europäischen Films vielfach als Strategie des kulturellen und ökonomischen Widerstandes gegen die Dominanz Hollywoods gesehen (Morley & Robins, 1995: 90).

In Europa erklärten Europarat und die Europäische Gemeinschaft das Jahr 1988 zum „Europäischen Jahr für Film und Fernsehen". In diesem Zusammenhang wurden vom Ministerrat der EG die Ziele formuliert, das Bewußtsein für die Bedeutung einer starken audiovisuellen Industrie zu schärfen, die Voraussetzungen für die Entwicklung eines europäischen audiovisuellen Sektors zu schaffen, die Zusammenarbeit bei Finanzierung, Produktion und Distribution sowie die Kooperation zwischen Film und Fernsehen zu verbessern und schließlich die audiovisuellen Medien als Ausdrucksmittel der Kreativität und der europäischen Identität unter besonderer Beachtung der kleineren Kulturregionen zu fördern (Frenzel, 1999: 54). Unter dem Motto „Vereint sind auch die Schwachen mächtig"[96] wurde seitdem ein europäisches Konzept der Filmförderung entwickelt, deren Projekte zum Teil weiterhin erfolgreich bestehen. Im folgenden soll die Filmförderungspolitik der EU expliziter dargestellt werden.

---

[96] Jürgen Becker; Manfred Rehbinder (Hg.) (1989): Europäische Coproduktion in Film und Fernsehen. II. Münchener Symposium zum Film- und Medienrecht. Nomas Verlagsgesellschaft: Baden-Baden. S. IV.

Frenzel (1999) und Morley & Robins (1995) untersuchen eingehend, inwieweit kulturelle Vorstellungen von Europa als leitendes Prinzip die Kulturpolitik der EU prägen und wirtschaftliche, kulturelle und politische Interessen hierbei zusammentreffen. Die Autoren gehen davon aus, daß die
EU innerhalb ihrer Filmförderungspolitik die Errichtung und Stärkung einer kollektiven europäischen Identität erzielt. Die Filmstoffe sollen von eu-
ropäischem Inhalt geprägt sein, europäischer Kultur der Vergangenheit,
Gegenwart und Zukunft.

Der Begriff „europäische Kultur", so wie Frenzel (1999) ihn herausstellt
und er von der EU gemeint zu sein scheint, bezeichnet allerdings nicht eine
homogene Einheit, sondern eher eine Kultur der Kulturen, die Frenzel mit
dem Begriff Polykultur erfaßt. Damit solle Vielfalt anstelle von Einheit betont werden, in der nicht nur die Gegensätzlichkeit der einzelnen Elemente,
sondern auch Antagonismus und Konkurrenz bestehen könnten, und die
sich durch die Kommunikation über die jeweilige Kultur im Ganzen weiter-
entwickelten: „Polykultur bedeutet demnach die als wertvoll angesehene
Vielfalt der europäischen Kulturen, in deren Prozeß der Kommunikation
sich ein Bewußtsein kultureller Gemeinsamkeiten und Unterschiede entwik
kelt."[97] Dyer & Vincendeau (1992) kommen daher zu dem Schluß: „...if
there is no such thing as popular European cinema, there certainly are popular European cinemas."[98]

5.2 Nationale und europäische Filmförderung

In den einzelnen Mitgliedsländern der EU existieren bereits seit langem
unterschiedliche Systeme und Traditionen der Filmförderung. Unter staatlicher Filmförderung versteht man die Aktivitäten des Staates, die in der
Form von Gesetzen und Regelungen und/oder in anderer Form konkreter
Maßnahmen den Film unterstützen wie z. B. durch die Verleihung von

---

[97] Dirk Frenzel (1999): Kulturelle Eye-dentity. Die Kulturpolitik der EU am Beispiel
      der Filmförderung. Peter Lang GmbH: Frankfurt/Main. S. 22. Im folgenden: Fren-
      zel (1999): Kulturelle Eye-dentity.
[98] Dyer &Vincendeau (1992): Popular European Cinema. S. 13.

67

Preisen. Andere direkte Fördermaßnahmen können Fördergelder der Filmförderungsanstalt und Preisgelder sein. Indirekte Maßnahmen sind Steuerbegünstigungen, Schutzfristen für die Kinoauswertung (vor Video und Fernsehen)[99] oder Fernseh- und Kinoquoten für die Ausstrahlung nationaler oder europäischer Filme.

Ziele der staatlichen Filmförderung sind einerseits das Protegieren von Film als Kulturgut, in dem das Bild kollektiver Identitäten transportiert wird; andererseits kommen wirtschaftliche Faktoren zum Tragen. Rentabel ist ein Film dann, wenn die Summe der Subventionen niedriger ist als der Rückfluß in Form von Lohnsteuern (Film ist außerordentlich beschäftigungsintensiv) und Darlehensrückzahlungen. Damit ist Filmförderung eine gezielte Investition in die Kultur, den Arbeitsmarkt und die Strukturpolitik. Ein dritter Grund staatlicher Filmförderung sind die infrastrukturellen Auswirkungen. Die Ansiedlung von Unternehmen der Filmwirtschaft und die davon profitierenden Produktions- und Dienstleistungsunternehmen sowie generell die Standortattraktivität einer Region werden durch die Filmförderung erhöht (Frenzel, 1999: 27).

Die europäische Filmförderung findet im Rahmen des MEDIA-Programmes[100] statt. In einem Pilotprojekt wurde das Programm 1986 zur Unterstützung des audiovisuellen Sektors gegründet. Das MEDIA I-Programm lief von Anfang 1991 bis Ende 1995, an das sich das umstrukturierte MEDIA II-Programm von Anfang 1996 bis 2000 anschloß, gefolgt von dem Programm MEDIA PLUS, das von Anfang 2001 bis Ende 2005

---

[99] Die drei Medien sind durch die Festlegung der Reihenfolge ihres Erscheinens eng miteinander verbunden. Zudem kommt auf der strukturellen Ebene, daß Fernsehen und Video in bedeutendem Maße an der Produktion der Kinofilmproduktion beteiligt sind. Auch auf der technologischen Ebene findet eine zunehmende Verschmelzung statt, die sich in der Angleichung der Aufzeichnungs- und Ausstrahlungstechniken im Zuge der Digitalisierung ausdrückt. Vgl. Frenzel (1999): Kulturelle Eyedentity. S. 48f.

[100] MEDIA steht für Mesures pour Encourager le Développement de l'Industrie Audiovisuelle.

zum Tragen kommen wird (s. unter www.mediasalles.it/).[101] Mit diesem Programm versucht die EU, durch finanzielle Anreize in Form von Darlehen und Zuschüssen die Zusammenarbeit nationaler Filmindustrien der Mitgliedsländer zu stärken und auf diese Weise kooperative Strukturen zu schaffen, um die seit Ende des Zweiten Weltkrieges instabile Situation des europäischen Films zu verbessern und ihn so in eine günstigere Konkurrenzposition gegenüber der US-amerikanischen Produktion zu stellen. Zum einen soll damit das Wirtschaftsgut Film gefördert werden und zum anderen Film als Kulturgut, der als bedeutsamer Kulturträger und einflußreiches Medium interkultureller Kommunikation ein europäisches bzw. internationales Publikum finden soll. Die allgemeine Zielsetzung von MEDIA ist langfristig also die Entwicklung netzwerkartiger, sich selbst tragender Strukturen einer europaweiten Kooperation und Verflechtung.

Als Mittel der Filmförderung gab und gibt die Kommission den Aufbau europäischer Vertriebsnetze, die Weiterentwicklung von Untertitelung und Synchronisation, die qualitative und quantitative Verbesserung von Pro-

---

[101] Seit 1991 bestehen folgende Projekte des Programms: EFDO (European Film Distribution Office; Distribution), EAVE (Les Entrepreneurs de l'Audiovisuel Européen; Ausbildung von Produzenten), CARTOON (Animationsfilm; Ausbildung und Entwicklung), BABEL (Broadcasting Across the Barriers of European Language; Synchronisation/Untertitelung von TV-Programmen), EURO AIM (European Association for an Audiovisual Independent Market; Vertrieb unabhängiger Film- und Fernsehproduktionen), Club d'Inestissement MEDIA (Förderung neuer audiovisueller Technologien), European SCRIPT Fund (Drehbuch- und Projektentwicklung), EVE (Espace Vidéo Européen; Videodistribution), MEDIA Business School (MBS; Forschung und Ausbildung, insbesondere Projektentwicklung), DOCUMENTARY (Dokumentarfilme; Entwicklung und Promotion), GRECO (Groupement Européen pour la Circulation des Œuvres; Distribution von unabhängigen Fernsehproduktionen), Euro MEDIA Guaranties (EMG; Garantiefonds für Ausfallbürgschaften), LUMIERE (Restaurierung und Archivierung von Filmen), EFA (European Film Academy; Forschung und Fortbildung), Europa Cinémas (europäisches Kinonetzwerk, insbesondere für Erstaufführungen und Jugendfilm), MEDIA Salles (Werbung für lokale/regionale Attraktivität des Kinos), MAP-TV (Mémoire-Archives-Programmes TV; Entwicklung von TV-Koproduktionen, die Archivmaterial verwenden), SCALE (Small Countries Improve Their Audiovisual Level in Europe; Unterstützung von Produzenten in kleineren Ländern) und SOURCES (Stimulating OUtstanding Ressources for Creative European Screenwriting). Vgl. Frenzel (1999): Kulturelle Eye-dentity. S. 53 u. 56.

duktions- und Finanzierungsbedingungen sowie die intensivierte Nutzung des audiovisuellen Archivmaterials an (Frenzel, 1999: 52).

Für das Stellen eines Förderungsantrags ist das Basiskriterium die sogenannte Nationalität oder nationale Identität eines Films, die durch die Staatsangehörigkeit der Hauptbeteiligten (Regisseur, Drehbuchautor, Produzent, Hauptdarsteller) bestimmt wird (Frenzel, 1999: 33). Die Komponente der europäischen Identität spielt also hierbei eine entscheidende Rolle. Die Richtlinien des Programms enthalten unter anderem auch zwei Förderkriterien, die den europäischen Charakter der sich bewerbenden Projekte gewährleisten soll. Zum einen sollten sich Antragsteller bei Aus- und Weiterbildungen darum bemühen, daß ein gewisser Prozentsatz der Teilnehmer von Personen anderer Staatsangehörigkeit gestellt wird. Zum anderen sollten mindestens in einem der folgenden Bereiche die Aus- bzw. Weiterbildungsmodule eine deutlich erkennbare europäische Dimension aufweisen: Inhalt der vorgeschlagenen Aus- bzw. Weiterbildungsmaßnahme; die tatsächliche Zugangsmöglichkeit für Studierende und Berufstätige, die aus einem anderen europäischen Mitgliedsstaat stammen als der Antragsteller; Partnerschaft mit Unternehmen der Branche; Einsatz von Tutoren und Experten anderer Staatsangehörigkeit.[102]

Ziel des Projekts SOURCES ist es, daß Autoren Drehbücher schreiben, die aus einem kulturellen Kontext heraus entstehen und gleichzeitig für ein europäisches, wenn möglich internationales Publikum von Interesse sind, also einen „cross-border appeal"[103] aufweisen. Auch hier ist die Politik der EU grundlegend von einem kulturellen Leitgedanken geprägt.

Dieses Kapitel sollte die Verflechtung wirtschaftlicher, kultureller und politischer Aspekte im Film aufzeigen sowie die Tatsache, daß für die Filmförderungspolitik der EU die kulturelle Vorstellung von Europa ein handlungsanleitendes Prinzip ist. Diese „Idee Europa" zeichnet sich nach der

---

[102] Kommission der Europäischen Gemeinschaften, MEDIA (1998): Richtlinien zur Einreichung von Anträgen auf finanzielle Förderung durch die Gemeinschaft im Bereich der Aus- und Weiterbildung (MEDIA II) 2/98. Brüssel. S. 11f. Zitiert in Frenzel (1999): Kulturelle Eye-dentity. S. 111.

[103] Guidelines SOURCES 1/April 1993. Introduction. Amsterdam 1993. S.1. Zitiert in Frenzel (1999): Kulturelle Eye-dentity. S. 115.

EU durch ein Nebeneinanderbestehen verschiedener europäischer Kulturen aus, die in ihrer Vielfalt sowohl in Antagonismus und Konkurrenz bestehen als auch sich ergänzen können. Gleichwohl scheint die europäische Identität auf Gemeinsamkeiten zu basieren, „...its own identity rooted in a view of man shaped by Christianity, humanism and enlightment."[104] Daß dabei, wie schon erwähnt, die große Zahl der Migranten und die in der Diaspora lebenden Bevölkerungsteile häufig nicht mit einbezogen werden, wird leicht übersehen, denn die Konstruktion einer europäischen Identität, so wie sie auch von der EU gefördert wird, kann schnell über die Abgrenzung nach „außen" geschehen (vgl. Kap. 2.2 zur Errichtung kultureller Identität). Damit dient die Konstruktion einer europäischen Identität der Integration europäischer Bürger. Über ihr MEDIA-Programm fördern die Mitgliedsländer der EU gemeinsam das Entstehen europäischer Filme, die Ausdruck der jeweiligen Kultur ihres Entstehungskontextes und gleichzeitig von einem europäischen Publikum rezipierbar sind. Die Frage dabei ist allerdings, was ein „europäisches" Publikum ausmacht. Kapitel 7 wird sich mit Stereotypen dieser Art beschäftigen. Zuvor soll jedoch das folgende Kapitel einen Einblick in die Wahrnehmung von Filmen gewähren, indem es die gängigen Rezeptionstheorien, die Wirkung von Filmen und die Bedeutung von Narrationen für den Alltag vorstellt.

---

[104] Hans Dietrich Genscher (1996): Greater Europe. In: European Commission (1998): The European Union in a changing world. Brüssel. S. 19.

71

6 Medienrezeption

Das Fernsehen und Kinofilme machen einen bedeutenden Teil unserer Alltagswelt aus, und Informationen und Geschichten, die wir durch diese Medien erhalten, sind sogar häufig nicht von den alltäglichen Erlebnissen zu trennen: „We often do not remember wether we learnt of a certain fact from a friend or television, we fail to notice that our images of the elderly, for example, derive more from television than everyday interactions, and when we recount an anecdote or interesting observation, does it matter if it came from watching television or from a personal experience?"[105] Es ist demnach also nicht anzunehmen, daß die Bilder und unser Wissen über die Welt, das wir durch das Fernsehen und Filme erhalten, strikt von den Annahmen, Bildern und dem Wissen über die Welt aus unseren alltäglichen Erfahrungen getrennt werden können (Livingstone, 1998: 6). Doch wie rezipieren wir diese Bilder und wie konstruieren wir aus dem Wahrgenommenen Bedeutungen?

Dieses Kapitel wird sich mit dem Prozeß der Rezeption von Medien beschäftigen. Unter Medienrezeption wird die aktive Auseinandersetzung von Zuschauern mit Filmen, von Lesern mit Texten, von Hörern mit Sprache oder Musik usw. verstanden.

Auch wenn aufgrund des begrenzten Rahmens dieser Arbeit allein Spielfilme untersucht werden, so soll das Kapitel doch ebenfalls auf die Rezeption anderer Film- und Fernsehgenres eingehen, denn auch in diesen - so z. B. in Dokumentarfilmen, Seifenopern, Fernsehnachrichten usf. - treten unverkennbar kulturelle Stereotype auf. Abgesehen davon sind bei der Rezeption von Spielfilmen wie auch dem Fernsehen z. B., gleiche oder ähnliche Mechanismen und Fähigkeiten des Rezipienten erforderlich. Dennoch gibt es Unterschiede in der Rezeptionssituation des Kinofilms zum einen, bei dem der Zuschauer beispielsweise gemeinsam mit einer Gruppe in einem verdunkelten Raum die Konzentration auf den Film richtet, oder zum anderen

---

[105] Sonia Livingstone (1998): Making Sense of Television. Routledge: London, New York. S. 5. Im folgenden: Livingstone (1998). Making Sense of Television.

beim Fernsehen zu Hause, wobei hier die Konzentration des Rezipienten durchaus auch anderen Dingen gewidmet sein kann.

Der Rezeptionsvorgang beginnt mit der Zuwendung zum Medium, eventuell nach einer vorangegangenen Auswahl. Im Mittelpunkt des Prozesses steht die Interaktion des Rezipienten mit dem Medium, die von sozialer Kommunikation begleitet sein kann. Pausen oder Abbrüche der Rezeption sind dabei, abgesehen vom Kinofilm, üblich. Die Rezeption ist damit nicht beendet, denn an die Rezipienten-Medium-Interaktion schließt sich unmittelbar oder in zeitlich größerem Abstand eine Aneignungsphase an, in welcher die Medienerfahrung und die eigene Lebenswelt zueinander in Beziehung gesetzt werden. Dies geschieht häufig im Gespräch mit anderen Personen (Charlton, 1997: 16).

Bevor auf verschiedene Rezeptionstheorien eingegangen wird, soll zunächst die Rolle von Narrationen im Alltag und in der Verarbeitung von Informationen untersucht werden. Wie bereits in Kapitel 5.1 aufgezeigt, machen fiktive Sendungen einen Großteil des Fernsehprogramms aus, von denen die meisten in Form von Narrationen bestehen, und auch vom Spielfilm ist ein Hauptcharakteristikum die narrative Form. Mit der Frage, wie Narration im Film hergestellt und aufgebaut wird, haben sich bereits viele Filmtheoretiker auseinandergesetzt. Kapitel 6.1 wird daher einen Überblick darüber geben, wie der Rezipient aufgrund der wahrgenommenen Daten des Films Narrationen konstruiert.

Ehe in Kapitel 6.3 auf die möglichen Wirkungen von Medien auf den Rezipienten eingegangen wird, sollen in Kapitel 6.2 Rezeptionstheorien vorgestellt werden, denn um irgendwelche Wirkungen auf den Zuschauer ausüben zu können, müssen Filme und Fernsehsendungen erst vom Rezipienten wahrgenommen und verstanden werden. Um einen Film oder eine Sendung zu interpretieren, nutzen Zuschauer nicht nur die Informationen derselben, sondern ebenfalls ihre Erfahrungen mit dem jeweiligen Film, den bekannten Genres und ihre eigenen persönlichen und sozialen Erfahrungen mit dem wahrgenommenen Phänomen (Livingstone, 1998: 21). Diese verschiedenen Quellen werden vom Rezipienten auf kohärente und komplexe Weise integriert und somit die Bedeutung des Wahrgenommenen erschlossen. Die mögliche Wirkung des Mediums hängt also von der Art und Weise ab, inwiefern der Zuschauer seine Bedeutung generiert hat.

6.1 Narrationen und der Alltag

Geschichten umgeben uns überall, sei es in Romanen, Geschichtsbüchern oder Biographien, in der Religion oder Philosophie sowie in Witzen, Comics, Filmen, der Malerei und bei vielen anderen Ereignissen. Branigan (1992) weitet den Bereich sogar noch aus und stellt fest, daß das Erzählen von Minigeschichten, die auf bereits erzählten Geschichten basieren, eine der wichtigsten Arten sei, unsere Umwelt wahrzunehmen: „It is a fundamental way of organizing data."[106] Den Begriff „narrative" wendet er zum einen an auf das Endprodukt des Geschichtenerzählens oder -verstehens, und zum anderen auch auf den Prozeß der Konstruktion.

Bezogen auf ein Endprodukt, definieren Bordwell & Thompson (1997) Narration in seinem Buch „Film Art" „...to be a chain of events in cause-effect relationship ocurring in time and space."[107] Auch Branigan (1992) faßt Narration als eine bestimmte Art auf, räumliche und zeitliche Daten in einer Ursache-Wirkungs-Kette[108] von Ereignissen zu organisieren, mit einem Anfang, einem Mittelteil und einem Ende. Diese drei Teile erhalten ihre Bedeutung erst in ihrer Beziehung zu der Gesamtheit der Elemente. Nach Todorov ist eine Narration grundlegend die Transformation einer Situation durch fünf folgende Phasen hindurch: 1. ein Zustand des Gleichgewichts, 2. eine Störung des Gleichgewichts, 3. das Erkennen, daß das Gleichgewicht gestört ist, 4. der Versuch, die Störung zu beseitigen, und 5. die Wiederherstellung des anfänglichen Gleichgewichts. Da die dritte Phase

---

[106] Edward Branigan (1992): Narrative Comprehension and Film. Routledge: London. S. 1. Im folgenden: Branigan (1992): Narrative Comprehension and Film.

[107] Bordwell & Thompson (1997): Film Art. S. 90.

[108] Branigan (1992) weist darauf hin, daß die Beschreibung von Kausalität als eine Kette von Ursache und Wirkung zu linear als eine Sequenz von Stimuli und Antworten gesehen wird. Vielmehr befürwortet er „...a psychological approach to narrative that would give equal weight to 'top-down' frames of reference for grouping elements, that is, to principals and criteria that are not determined solely by local conditions but instead are responsive to larger contexts." Branigan (1992): Narrative Comprehension and Film. S. 27.

eine Umkehrung der ersten und die fünfte eine Umkehrung der vierten Phase darstellt, durchläuft auch das allgemeine Muster eine Transformation. So wird Narration auch charakterisiert durch „...eine Menge von Ereignissen, die in einer Sequenz angeordnet sind"[109], dabei ist eine Erzählung „...keine Sequenz von abgeschlossenen Ereignissen, sondern eine abgeschlossene Sequenz von Ereignissen."[110]

Betrachtet man jedoch Narration als einen Prozeß der Konstruktion, so ist es „...a perceptual activity that organizes data into a special pattern which represents and explains experience."[111] Bei der Konstruktion von Narration sind verschiedene mentale Prozesse aktiv, wobei die Fähigkeiten des Ultrakurzzeitgedächtnisses („salient memory"), das sensorische Daten registriert, und des Kurzzeitgedächtnisses, das fünf bis neun Informationseinheiten speichern kann, beschränkt sind. Im Mittel- und Langzeitgedächtnis finden hauptsächlich die mentalen Prozesse statt, die bei dem Verständnis von Narration von Bedeutung sind. Dennoch kann die sensorische Wahrnehmung („from the bottom up") nicht von anderen Arten geistiger Prozesse getrennt betrachtet werden (Bordwell, 1985).

Bordwell (1985) und Branigan (1992) beziehen sich bei dem Prozeß des Verstehens von Narration auf das Konzept des Schemas, das aus der kognitiven Psychologie stammt. Hier wurde festgestellt, daß das Begreifen einer Geschichte bestimmte Denkvorgänge erfordert. Z. B. stellt der Rezipient Vermutungen an, wenn Informationen in der Geschichte fehlen, oder zieht Schlußfolgerungen daraus, genauso, wie ein Rezipient versucht, Ereignisse in einer Sequenz zu ordnen, wenn diese nicht in einer zeitlichen Reihenfolge dargestellt sind, so, wie er auch danach strebt, kausale Zusammenhänge zwischen Ereignissen herzustellen.

Branigan (1992) bezeichnet die bestimmte Methode, mit der nach narrativen Mustern gesucht wird, narratives Schema. Ausgehend von der Grundannahme, daß das Wissen eines Menschen organisiert sei, definiert er ein

---

[109] Christian Metz (1972): 1. Phänomenologische Untersuchungen. In: ders. (1972): Semiologie des Films. Fink Verlag: München. S. 45.

[110] Ebd. S. 45.

[111] Branigan (1992): Narrative Comprehension and Film. S. 3.

Schema als „...an arrangement of knowledge *already possessed* by a perceiver that is used to predict and classify new sensory data."[112] Ein Schema ist nur eine Art mentaler Strukturen, und ein narratives Schema ist nur eines unter vielen verschiedenen. So können auch nichtnarrative Schemata auf einen narrativen Text angewandt werden, und andererseits kann ein narratives Schema ebenfalls verwendet werden, um andere Daten zu verarbeiten. Ein narratives Schema besteht aus: 1. einer Einleitung von Charakteren und dem Rahmen, 2. einer Darstellung des Zustandes, 3. einem beginnenden Ereignis, 4. einer emotionalen Reaktion oder Erklären eines Ziels von einem Protagonisten, 5. komplizierenden Ereignissen, 6. einem Ergebnis oder Resultat und 7. Reaktionen auf das Ergebnis. Branigan (1992) schlägt ein detaillierteres narratives Schema vor, dessen Elemente untereinander in Beziehungen stehen. Ein narratives Schema kann auch auf „nonsense" Daten, also solche, die „keinen" Sinn ergeben, angewandt werden und ebenso auf verschiedenen Ebenen wie Kamerabewegung, Komposition, Einstellung, Sequenz von Einstellungen, Szene, Sequenz von Szenen usw., je nach dem Objekt der Analyse. Das Schema besteht aus: 1. einem Abstraktum, das ein Titel oder eine Zusammenfassung der folgenden Situation sein kann, 2. der Orientierung, d. h. eine Beschreibung der gegenwärtigen Situation bzw. eine Exposition, die Informationen über bis in die Gegenwart hineinreichende vergangene Ereignisse liefert, 3. einem beginnenden Ereignis, das den gegenwärtigen Zustand verändert, 4. einem Ziel, das eine Antwort des Protagonisten auf das beginnende Ereignis gibt, 5. einer komplizierenden Handlung (verbunden mit einem Antagonisten) oder einem Hindernis bei dem Erreichen des Ziels, 6. dem Höhepunkt oder der Lösung des Konflikts zwischen Ziel und Hindernissen, 7. dem Epilog oder einer Moral und 8. der Narration, die danach strebt zu rechtfertigen, warum der Protagonist kompetent und glaubwürdig erscheint, diese Geschehnisse zu erleben und zu berichten und weshalb diese Ereignisse der Aufmerksamkeit wert sind.

Nach Bordwells (1985) Darstellung sind jedoch bei dem Verstehen einer Narration viele Schemata erforderlich. Zu diesen gehören Prototyp-

---

[112] Ebd. S. 13.

Schemata, die es ermöglichen, Personen einer bestimmten Gruppe zu identifizieren. Das, was Branigan narratives Schema nennt, finden wir bei Bordwell unter „template" oder Schablonen-Schema. Es umfaßt die Elemente:
„setting plus characters - goal - attemps - outcome - resolution."[113] Diese
beiden Schemata werden von sogenannten „procedural"[114] Schemata angewandt, jene Prozesse, durch die Informationen erhalten und organisiert
werden. Unter ihnen gibt es verschiedene Verfahren oder Motivationen,
mit denen ein Zuschauer bestimmte Elemente des Textes begründet, wie z.
B. Kompositionsmotivationen, die nach der Bedeutung von Elementen in
Beziehung zu der Geschichte suchen, sowie realistische Motivationen, die
nach der Plausibilität fragen, Erwartungen des Zuschauers auf übertextli-
cher Basis wie z. B. an das Genre, und schließlich künstlerische Motivationen, die ein Element des Films aufgrund seiner künstlerischen Form rechtfertigen. Letztlich gibt es stilistische Schemata, auch wenn der Zuschauer
sich oft nicht der stilistischen Elemente des Films bewußt ist.

Auf der Grundlage dieser Schemata werden verschiedene Arten von Hypothesen gebildet, die dann entweder bestätigt oder zurückgewiesen werden
und somit die Basis von neuen Hypothesen darstellen.

Bei der Erinnerung einer Narration kann der Rezipient häufig nur die Daten abrufen, die sich auf die Geschichte beziehen, d. h. seine Annahmen,
Interpretationen und Zusammenfassung der Geschichte. Dies nennt Bordwell (1985) fabula: „...a pattern which perceivers of narratives create
through assumptions and inferences. It is the developping result of picking
up narrative cues, applying schemata, framing and testing hypotheses."[115]
Meist erinnert sich der Zuschauer an die Darstellung der Geschichte, also
das, worauf sich Bordwell als „syuzeth" bezieht: „...the actual arrangement
and presentation of the fabula in the film"[116]. So hat das Wissen über die
Narration eine bestimmte Unabhängigkeit des ursprünglichen Stimulus er-

---

[113] David Bordwell (1985): Narration in the Fiction Film. Routledge: London. S. 35.
    Im folgenden: Bordwell (1985): Narration in the Fiction Film.
[114] Ebd. S. 36.
[115] Ebd. S. 49.
[116] Ebd. S. 50.

reicht. Desgleichen erinnern wir uns bei einem visuellen Objekt im Film nicht nur an die Seite, die dargestellt war, sondern an das Objekt als solches, so daß es eine ideale oder abstrakte Qualität erhält.

Im Film sind also narrative Strukturen von besonderer Bedeutung. „Die Narrativität ist, neben der Visualität, das attraktive und prägende Merkmal des Fernsehmediums."[117] Doch viel mehr als das; das Verständnis und die Konstruktion von Narrationen machen einen wesentlichen Anteil in der Rezeption von Filmen aus. Unter anderem mit Hilfe narrativer Schemata konstruiert der Zuschauer die Bedeutung, die er aus dem Wahrgenommenen zieht. Welche Fähigkeiten, welches Vorwissen und welche Rezeptionsvorgänge noch dazu erforderlich sind, zeigt das nächste Kapitel auf, in dem zuerst auf die sensorische Wahrnehmung eingegangen werden soll und dann auf die Konstruktion von Bedeutungen.

6.2 Rezeptionstheorien

„Meanings are not found but made."[118] In der Medienforschung richtet sich das Interesse zunehmend auf die konstruktiven und sinnerzeugenden Aktivitäten des Rezipienten, anstatt sich allein mit möglichen Wirkungen auf ein weitgehend als passiv konzipiertes Publikum zu beschäftigen.

In perspektivischen Theorien der Wahrnehmung, deren Hauptvertreter James J. Gibson ist, wurde angenommen, daß die Wahrnehmung eines Rezipienten allein durch geometrische Gesetze des Sehens bestimmt wird, d. h., daß der Stimulus ausreicht, um eine „richtige" Wahrnehmung zu erreichen (Hochberg, 1973).

Julian Hochberg[119] ordnet die klassische Wahrnehmungstheorie dem Strukturalismus zu. Diese empiristische Theorie geht davon aus, daß das

---

[117] Peter Kottlorz (1993): Fernsehmoral. Ethische Strukturen fiktionaler Fernsehunterhaltung. Wissenschaftsverlag Volker Spiess: Berlin. S. 45. Im folgenden: Kottlorz (1993): Fernsehmoral.

[118] David Bordwell (1989): Making Meaning. Inference and Rhetoric in the Interpretation of Cinema. Harvard University Press: Cambridge, Massachusetts, London. S. 3.

[119] Julian Hochberg (1973): The representation of things. In: Ernst H. Gombrich; Julian Hochberg; Max Black (Hg.) (1973): Art, Perception and Reality. John Hopkins Press: Baltimore. S. 50.

visuelle Erlebnis zum einen bestimmt wird durch die Sinneswahrnehmung verschiedener Farben, Licht, Schatten usw., und zum anderen durch die Bilder dieser Eindrücke bzw. die Erinnerung daran.

Eine andere Richtung innerhalb der Erklärungsansätze von Wahrnehmung ist die Gestalttheorie, die mit dem Werk Rudolf Arnheims in Verbindung gebracht wird. Diese Theorie schlägt vor, daß z. B. die Faktoren, die auf räumliche Tiefe hinweisen, nicht arbiträr sind und genauso wenig von Erinnerungen und ehemaligen taktilen Erlebnissen abhängen. Was der Betrachter sieht, wird durch die strukturierenden Eigenschaften des Geistes bestimmt. Der Geist strukturiert das Gesehene durch „Gestalten" oder visuelle Konzepte. „In general, the brain fields will (presumbly) organize themselves in the simplest (most economical) way possible, and knowledge of this fact permits us to predict how any picture will be perceived."[120]

Die Annahme von sogenannten „brain fields" wurde in der Wissenschaft gänzlich zurückgewiesen. Die Idee von bestimmten Gesetzen der Organisation jedoch „...may still turn out to be gross and usefull prescriptions for designing pictures so that they will be comprehended as we want them to be comprehended - although we should note that these "laws" have never been adequately formulated as objective and quantitative rules."[121]

Sicher ist allerdings, daß der Rezipient bestimmte Handlungen bei der Wahrnehmung vollzieht. E.H. Gombrich (1984) nennt dies den Betrachteranteil: „Darunter verstehe ich jenen subjektiven Anteil des Betrachters, den wir selbst aus dem im Gedächtnis gespeicherten Bildervorrat ständig zu jeder Darstellung beisteuern."[122] E. H. Gombrich stellt sich in seinem Buch *Bild und Auge* unter anderem die Frage, inwieweit Konventionen bei Wahrnehmungsprozessen beteiligt sind. Er unterscheidet dabei zwischen der Methode der Darstellung und der Bedeutung für den Betrachter, denn „...tatsächlich scheint unsere Fähigkeit, ein Objekt zu erkennen, mit seiner

---

[120] Ebd. S. 52.
[121] Ebd. S. 52.
[122] Ernst H. Gombrich (1984): Bild und Auge. Neue Studien zur Psychologie der bildlichen Darstellung. Klett-Cotta: Stuttgart. S. 142. Im folgenden: Gombrich (1984): Bild und Auge.

biologischen Relevanz verbunden zu sein, so daß bei Objekten, die für uns biologisch wichtig sind, schon eine ganz schwache Ähnlichkeit genügt, diese Reaktion auszulösen."[123] Wahrnehmen heißt für Gombrich demnach Kategorisieren und Klassifizieren. Doch seien an dem Verstehen von Bildern ebenfalls erworbene Fähigkeiten beteiligt.

Auch Bordwell (1985) erklärt die Wahrnehmung des Zuschauers mit Hilfe einer konstruktivistischen Theorie. Nach seiner Auffassung sind Wahrnehmen und Denken beides aktive zielorientierte Prozesse und demnach schwer voneinander zu trennen. Ein Hauptgedanke in der konstruktivistischen Theorie ist der der Schlußfolgerungen. Auf der Basis von top-down oder auch bottom-up Prozessen[124] werden Schlüsse aus dem Stimulus gezogen. Wahrnehmung ist hier ein Vorgang von aktivem Testen von Hypothesen, was bedeutet, daß der Vorgang vorgreifend ist. Der Rezipient nimmt Informationen aus dem Medium auf, die dann auf die Hypothese oder Annahme hin überprüft werden. Die Hypothese wird damit entweder bestätigt oder widerlegt. Die Bildung von Hypothesen wird bestimmt durch Wissensraster, die Bordwell Schemata nennt.[125]

Im Gegensatz zu dem Ausgangspunkt der Gestalttheorie, bei dem Wahrnehmung die Auferlegung einer geistigen Ordnung auf die wahrgenommene Welt ist - hier wirken die „Gestalten" in einer statischen und absoluten Weise -, geht der konstruktivistische Ansatz aus von der Wahrnehmung als „...a temporal process of building the percept in a probalistic fashion."[126]

Betrachtet man Wahrnehmung als rein sensorische Erfahrung, so besteht das Sehen aus schnellen flackernden Augenbewegungen, den Sakaden. Allerdings nehmen wir dieses unwillkürliche Bewegen nicht wahr, sondern sehen die Umwelt als Ganzes und als durchgehende Bewegungen. Dieser Prozeß vollzieht sich zum einen automatisch (bottom-up), doch wird er gleichzeitig durch Schemata bestimmt (top-down), so daß die aufgenom-

---

[123] Gombrich (1984): Bild und Auge. S. 281.
[124] Ich werde an anderer Stelle noch einmal näher auf top-down und bottom-up Prozesse eingehen.
[125] Bordwell (1985): Narration in the Fiction Film. S. 31.
[126] Ebd. S. 103.

menen visuellen Daten mit den Hypothesen überprüft werden. Bordwell (1985) geht davon aus, daß wir einen sogenannten kognitiven Plan, „cognitive map"[127], haben, der vorgibt, welche Bereiche unser Auge in das Sichtfeld rückt.

Branigan (1992) unterscheidet grundlegend zwischen zwei Arten der Wahrnehmung, die bei dem Anschauen eines Films zum Tragen kommen: „bottom-up-" und „top-down-Prozesse", je nach Richtung, in welche sie wirken. Beide Arten von Wahrnehmung funktionieren gleichzeitig.

Prozesse, die „from the bottom up" fungieren, basieren auf der direkten Verarbeitung der aufgenommenen Daten wie z. B. die Wahrnehmung von Farbe. Diese Daten werden in kurzen Zeitintervallen überprüft, wobei nur wenig oder gar keine Erinnerung benutzt wird, und automatisch in Eigenschaften wie Tiefe, Farbe, Bewegung usw. umgesetzt. Die Art der Wahrnehmung ist also bestimmt von den Informationen.

Top-down-Prozesse hingegen, wie z. B. das Erkennen eines bekannten Gesichtes, funktionieren auf der Grundlage von Vorwissen und Schemata und sind nicht an die Zeit des Stimulus gebunden. Hierbei werden die Annahmen und Erwartungen des Rezipienten zur Organisation genutzt. Diese Art der Wahrnehmung ist indirekt, da hier die Daten unabhängig von den Bedingungen des Stimulus verarbeitet werden.

Die kognitive Aktivität von top-down-Prozessen eines Zuschauers ist nicht beschränkt auf einen bestimmten Moment eines Films, der gerade gesehen wird, sondern der Rezipient ist fähig, sich in den erhaltenen Informationen vor- und zurückzubewegen, um seine Hypothesen zu überprüfen. Aufgrund der Vielfalt der bottom-up und top-down-Prozesse, die in einem gegebenen Moment wirken, definiert Branigan (1992) Wahrnehmung als „...a system which struggles to manage different and often conflicting interpretations of data."[128]

Diese kognitiv-konstruktivistischen Theorien befassen sich also vornehmlich mit dem Wahrnehmen und Verstehen von Filmen. Rezipienten konstruie-

---

[127] Ebd. S. 32.

[128] Branigan (1992): Narrative Comprehension and Film. S. 38.

ren demnach auf der Grundlage ihrer Lebenserfahrungen eine subjektive Lesart der Mediengeschichte. Sie erfüllen Narrationen mit Leben, indem sie sich ein Situationsmodell entwerfen, in welchem die Medienakteure, ihre Lebensumstände, Handlungen und Handlungsfolgen Platz haben.

Daß das Wahrnehmen und Verstehen von Medien jedoch keine ausschließlich individuelle Angelegenheit ist, sondern in sozialen Kontexten und auf der Grundlage sozial geteiltem kulturellen Wissens stattfindet, wird bei diesen Theorien außer acht gelassen (Charlton, 1997: 20).

Auch Livingstone (1998) kritisiert die Beschränktheit vieler Theorien, die sich mit Medienrezeption auseinandersetzen: Behaviouristen schlössen z. B. den Aspekt der Bedeutung gänzlich aus, Kognitivisten befaßten sich allein mit der Wahrnehmung von Zuschauern, in der Wirkungsforschung fokussiere man sich nur auf eine einseitige, beeinflussende Bedeutung der Medien usw. (Livingstone, 1998: 24). Zudem erscheint der Ansatz des aktiven, Meinung konstruierenden Zuschauers nach Livingstone häufig zu konstruktivistisch, indem man annimmt, Bedeutungen würden allein vom Rezipienten, unabhängig vom Text[129], generiert werden. Doch wenn der Zuschauer als wichtiger Faktor in der Konstruktion von Bedeutungen gesehen werde, sollte man auch die Struktur dessen, was interpretiert wird, nicht übersehen, denn: „The creation of meaning through the interaction of texts and readers is a struggle, a site of negotiation between two semi-powerful sources."[130] Daher müsse eine Theorie über das Rezipieren von Filmen und Fernsehen immer Annahmen über Texte beinhalten.

In der Textverstehensforschung führt Eco (1979) erstmalig die Unterscheidung zwischen offenem und geschlossenem Text ein. Offene Texte würden eine Reihe verschiedener Interpretationen und textlicher Realisationen beinhalten, mehr noch, sie manipulierten die möglichen Lesarten, wodurch sie Ironie, Allegorie und Satire produzierten. Geschlossene Texte drängten

---

[129] Der Begriff „Text" soll hier nicht nach einer rein semiotischen Auffassung, also aus einem System von Zeichen bestehend, verstanden werden, sondern vielmehr in Abgrenzung zu dem Begriff Stimulus, der einen passiven, von außen auf ihn einwirkenden Zuschauer impliziert.

[130] Livingstone (1998): Making Sense of Television. S. 26.

den Rezipienten zu einer bestimmten vorgesehenen Lesart. Auch wenn sie jedoch an den Durchschnittsrezipienten gerichtet seien, könnten geschlossene Texte dennoch aufgrund der soziokulturellen Umstände des aktuellen Lesers verschiedene Interpretationen hervorrufen (Livingstone, 1998: 41). Die Mehrheit der Texte, so stellt Eco fest, liege allerdings dazwischen, indem sie offene und geschlossene Elemente mit einschlössen.

Das Konzept des offenen Textes wurde in der auf seine Untersuchung folgenden Forschung häufig mit der Unbestimmtheit eines Textes gleichgesetzt. Der empirische Beweis verschiedener Interpretationen wurde dabei unkritisch als Beweis für einen offenen Text angenommen. Livingstone (1998) sieht allerdings die Unbestimmtheit von Texten eher als einen Aspekt geschlossener Texte (Livingstone, 1998: 42). Offene Texte zeichneten sich demnach nicht durch ihren vagen Charakter aus, in die der Rezipient die von ihm gewünschten Bedeutungen frei hineininterpretieren könne. Die Offenheit des Textes werde durch verschiedene strukturierende Aspekte ausgemacht. Multiple Lesarten eines Textes seien daher möglich, indem z. B. der Text ein Forum darstellt, das viele moralische und kulturelle Positionen und Meinungen bietet. Zudem könne der Text eine Bandbreite von Charakteren offerieren, mit denen sich der Zuschauer gern identifizieren würde und aus dessen Perspektive dann die Ereignisse gesehen werden. Auch gäbe es unbestimmte narrative Grenzen, so daß der Rezipient auf unterschiedliche Weise interpretieren kann, wann und warum eine Narration beginnt und endet (Livingstone, 1998: 82f). Bei der Interpretation scheine der Zuschauer darauf bedacht, emotionale Spannungen und Dramen zu maximieren (Livingstone, 1998: 85).

Rezipient und Text interagieren also nach diesem Modell, d. h., es besteht eine Wechselbeziehung zwischen äußerer Realität (Text, Bild, Handlung) und innerer Repräsentation (mentale Textbasis, mentale Modelle wie Schemata).

Will man jedoch das Ereignis der Medienrezeption ganz erfassen, müßten ebenfalls soziale Aspekte in Betracht gezogen werden. Die handlungstheoretische Rezeptionsforschung bietet hierfür Ansätze.[131] Das Individuum ist demzufolge nicht nur fähig, sich sprachlich zu verständigen, sondern auch dazu, sich als Teil der Sozialwelt zu verstehen, indem es kulturelle Deutungsmuster übernimmt. Seine Entwicklung ist zum einen eine aktive selbstgesteuerte Konstruktionsleistung und zum anderen das Resultat einer sozialen Konstitution durch die Teilhabe an den gesellschaftlichen Deutungs- und Handlungsmustern. Interpersonale Kommunikation und Interaktion dienen als Bewältigung der Aufgaben, die das Leben in der Sozialwelt stellt. Massenkommunikation wird dabei als Teil der sozialen Praxis angesehen und umschließt sowohl den mitteilenden als auch den rezipierenden Teilnehmer der Medienkommunikation (Charlton, 1997: 22).

Das handlungstheoretische Rezeptionsmodell basiert auf folgenden drei Überlegungen:

zum einen, daß die Rezeption aus der Alltagspraxis entsteht. So wurde z. B. festgestellt, daß Rezipienten bevorzugt die Themen auswählen, die auch mit der eigenen Lebenssituation in Zusammenhang zu bringen sind,

zum anderen, daß die Rezeption von der Alltagspraxis begleitet wird, wenn sich z. B. zwei Fernsehzuschauer während eines Kriminalfilms die Logik der Handlung erklären,

und drittens, daß die Rezeption auf die Alltagspraxis zurückwirkt, z. B., wenn Rezipienten Handlungsentwürfe einer Mediengeschichte zur Lösung ihrer eigenen Alltagsprobleme übernehmen.

Aus der Sicht dieser Theorie enthält ein Text keine Informationen, sondern vielmehr mögliche Instruktionen für seine Rezeption. Um den Sinn eines Textes verstehen zu können, muß sich der Rezipient an die Instruktionen des Textes halten. Texte enthalten aus ökonomischen und ästhetischen

---

[131] Es ist auch ein Verdienst der ethnomethodologischen Untersuchungen, die Verwendung von Medien zur sinnhaften Konstruktion der sozialen Welt und damit zur Organisation des Alltagslebens zu beschreiben. Vgl. Michael Charlton, Klaus Neumann (1990): Medienrezeption und Identitätsbildung. Kulturpsychologische und kultursoziologische Befunde zum Gebrauch von Massenmedien im Vorschulalter. Gunter Narr Verlag: Tübingen. S. 13.

Gründen aber auch viele Leerstellen. Sie bieten dem Rezipienten Spielräume für eigene Interpretationen und Auslegungen.

Die genannten Vorstellungen bilden den Rahmen für die verschiedenen Ausrichtungen der handlungstheoretischen Rezeptionsmodelle wie beispielsweise der Nutzen-Ansatz (Renckstorf, 1989), das Encoding-Decoding-Modell (Hall, 1980), die Strukturanalytische Rezeptionsforschung (Charlton, 1997; Charlton & Neumann, 1990) usw.

Die Strukturanalytische Rezeptionstheorie betrachtet das Rezeptionsgeschehen als einen mehrstufigen Prozeß, in dem sich ein sozial situierter und biographisch vorgeprägter Rezipient in Beziehung zu einem kulturellen Sinnangebot setzt. In einem ersten Schritt wird die soziale Situation derart gestaltet, daß eine Auseinandersetzung mit Medien überhaupt möglich wird. Der zweite Schritt beschreibt die Phase der thematischen Selektion, die zu Beginn, aber auch noch während der Auseinandersetzung mit dem Medium, stattfindet. Rezipienten wenden sich Medienangeboten voreingenommen zu. Ergebnis der Auseinandersetzung ist eine mehr oder weniger bewußt reflektierte Spiegelung der eigenen Lebenssituation an den medialen Geschichten und Deutungsmustern. Die eigentliche Rezeption stellt den dritten Schritt dar. Hierbei ist festzustellen, daß Rezipienten mit der emotionalen Nähe und Distanz zum Medienangebot spielen. Scheinbar suchen sie nach einem Grad an Involvement, das eine optimale Anregung zuläßt, ohne jedoch die eigene Gefühlsbalance zu gefährden. Dies kann durch selektive Aufmerksamkeitsverteilung bis hin zur Unterbrechung oder Abbruch der Rezeption geschehen. In einem vierten und letzten Schritt wird das Rezipierte für die eigene Lebensführung nutzbar gemacht, was häufig, aber nicht zwingenderweise, durch die interpersonale Kommunikation unterstützt wird (Charlton, 1997: 23f).

Charlton (1997) weist ferner darauf hin, daß Rezeption selten in einer isolierten Form geschieht, d. h., daß ein isolierter Rezipient sich nicht nur mit einem isolierten Text auseinandersetzt, sondern häufig sogenannte Ko-Texte für die Medienaneignung von Bedeutung sind. So greifen Rezipienten zum einen oft auf ein beträchtliches medienspezifisches Vorwissen zurück, wenn sie sich einem bestimmten Film zuwenden. Zitate aus bekannten Filmen werden bewußt eingesetzt, so daß sie vom Zuschauer herausgefunden werden. Literaturverfilmungen und Neuinszenierungen präsentieren Bekanntes in neuer Form. Zum anderen enthält der Rezipient aus seiner sozialen und gesellschaftlichen Umwelt zahlreiche Hinweise, die zum Medienangebot in Beziehung gesetzt werden wie z. B. Empfehlungen von Freunden, Rezensionen usw.[132] (Charlton, 1997: 30).

Gegenwärtige Rezeptionstheorien befassen sich also vornehmlich mit dem Beitrag des Publikums zum Rezeptionsergebnis sowie mit den textuellen und sozialen Kontexten der Rezeption. Dennoch soll im folgenden Abschnitt der Frage nach möglichen Wirkungen der Medien nachgegangen werden, besonders im Hinblick auf die Wirkung stereotyper Darstellungen verschiedener Kulturen. Haben die Medien wirklich eine derartige Auswirkung, daß sie Einstellungen und Meinungen der Rezipienten verändern können oder wird die Allmacht der Medien generell überbewertet?

6.3 Ein Bild sagt mehr als tausend Worte. Die Wirkung der Medien

Nach Kottlorz (1993) besitzen Bilder im Vergleich zu Texten oder der gesprochenen Sprache durch ihre Anschaulichkeit ein höheres Maß an kommunikativer Effektivität. Bilder hätten, so Kottlorz, durch ihre Unmittelbarkeit, ihre Einfachheit und vor allem durch ihre Wirklichkeitsnähe eine größere Glaubwürdigkeit. Aufgrund der Tatsache, daß Bilder gegenwartsbezogen, direkt und sinnlich seien, würden sie im Film das Gefühl konkre-

---

[132] Hengst (1997) stellt die These auf, daß der Primärtext (also z. B. ein Film) durch die Integration sekundärer und tertiärer Texte in Netzwerke zum offenen Text werde. Offenheit solle dabei nicht heißen, daß jeder Rezipient oder jede Zielgruppe hineininterpretieren könne, was ihm/ihr beliebt, sondern daß der Text für alle möglichen Assoziationen gleich offen sei. Bewußt inszenierten die Medien- und Kulturindustrien ein solches mediales Netzwerk, z. B. durch Darstellungen des „making of", Auftreten von Darstellern in Talkshows, Bücher, die die Thematik aufgreifen (z. B. im Falle von Jurassic Park über Dinosaurier, Wissenschaftsethik, Erbbiologie usw.), um durch diese Diversifizierung multiple Zugänge sicherzustellen und somit ein möglichst großes Publikum zu erreichen. Eine solche Strategie bringe es mit sich, daß die medialen Texte mit außermedialen Elementen unentwirrbar verstrickt werden. Heinz Hengst (1997): Intertextualität, Mediengewalt und die Konstruktion schützender Rahmen. In: Michael Charlton; Silvia Schneider (Hg.) (1997): Rezeptionsforschung. Theorien und Untersuchungen zum Umgang mit Massenmedien. Westdeutscher Verlag GmbH: Opladen. S. 157-169. Im folgenden: Charlton & Schneider (1997): Rezeptionsforschung.

ten Lebens vermitteln (Kottlorz, 1993: 48). Daß dem Medium Film und Fernsehen wegen seiner Bildhaftigkeit und „Realitätsnähe" häufig eine besonders starke Wirkung auf den Zuschauer zugesprochen wurde und immer noch wird, basiert auf der Konzeption eines passiven, Informationen aufnehmenden Publikums. In der Medienwirkungsforschung wird also ein Monokausalismus angenommen, indem die mögliche Wirkung von Medieninhalten auf einen reizkontrollierten und input-abhängigen Rezipienten betrachtet wird. In der klassischen Wirkungsforschung sind Effekt-Hypothesen aufgestellt worden (vgl. Kottlorz, 1993: 75ff), die sich besonders mit gesellschaftlichen Wirkungen von Medien beschäftigen.

Die Agenda-Setting-Hypothese[133] besagt, daß die Medien durch die Selektion von Inhalten die Darstellung der Wirklichkeit strukturieren und somit bestimmen, welche Themen in der Gesellschaft diskutiert werden. Sie legen also die thematische „Tagesordnung" fest.

Die Kultivierungshypothese[134] beruht auf der Agenda-Setting-Hypothese und geht noch einen Schritt weiter, indem sie behauptet, die Beurteilung der Welt resultiere nicht mehr aus den eigenen Alltagserfahrungen der Zuschauer, sondern aus dem Rezipierten der Medien.

Vertreter der Main-Streaming-Hypothese[135] gehen davon aus, daß die Medien durch ihre kanalisierende Themensetzung die Meinungen und Verhaltensweisen von Gruppen vereinheitlichen.

Die Theorie der Schweigespirale[136] schreibt den Medien sogar repressive Eigenschaften zu. Aus Angst vor sozialer Isolation durch eine divergierende

---

[133] Vgl. Maxwell E. McCombs; Donald L. Shaw (1972): The agenda-setting function of the mass media. In: Public Opinion Quarterly, Bd. 36. S. 176-187.

[134] Vgl. Donald F. Roberts; Christine M. Bachen (1981): Mass communication effects. In: Annual Review of Psychology, Bd. 32. S. 307-356.
George Gerbner; Larry Gross; Nancy Signorelli; Michael Morgan (1980): Aging with television: Images on Television Dramas and Conceptions of Social Reality. In: Journal of Communication, 30, S. 37-47.

[135] Vgl. George Gerbner; Larry Morgan; Nancy Signorelli; Michael Morgan (1984): Political Correlates of Television Viewing. In: Public Opinion Quarterly, Bd. 48. S. 283-297.

[136] Vgl. Elisabeth Noelle-Neumann (1993): The spiral of silence. University of Chicago Press: Chicago.

Meinung schlössen sich z. B. Fernsehzuschauer der in den Medien vertretenen Meinungen an. Dadurch entwickle sich eine Spirale des Schweigens, die die Meinung der schweigenden Mehrheit zugunsten der sich verfestigenden öffentlichen Meinung systematisch unterdrücke.

Die Wissenskluft-Hypothese[137] beruht auf der Annahme, das Fernsehen mache die Wissenden wissender und die Unwissenden noch unwissender. In ihrer relativierten Form, der Wissensunterschieds-Hypothese, wird in Betracht gezogen, daß verschiedene soziale Schichten unterschiedliche Interessen und Motivationen der Informationsaufnahme haben.

Zuletzt gibt es noch die Gewalt-Hypothesen, die davon ausgehen, das Fernsehen beeinflusse den Rezipienten durch seine Darstellung von Gewalt. Zum einen wird die Meinung vertreten, Fernsehen stimuliere zur Gewalt oder habe im Gegenteil eine Gewalt verhindernde Wirkung. Zum anderen wird die Meinung vertreten, daß ein durch Gewalt charakterisiertes Umfeld und die gleichzeitige Rezeption gewaltsamer Sendungen gewalttätige Handlungen bewirken könnten.

All diesen Theorien gemein ist die Tatsache, daß die Macht der Medien immer nur angenommen und niemals in der Form bewiesen wurde (Morley & Robins, 1995: 71). Hinzu kommt, daß der Zuschauer in diesen Theorien als relativ passiv gesehen wird, denn die Wirkung der Medien besteht folglich darin, dem Zuschauer vorzuschreiben, worüber er denken und reden sollte und worüber nicht.

In jüngster Zeit werden die Wirkungsweisen der Medien derart überdacht, daß man sie als graduell, symbolisch und kognitiv betrachtet und erkennt, daß sie auch in der Lage sind, die Gedanken der Menschen zu beeinflussen. Medien können also nicht nur Auswirkungen auf das Verhalten haben, sondern auch Kognitionen, Emotionen, soziale Interaktionen und Einstellungen betreffen; die Vorstellung der Wirkungen sind nun pluralistisch (Livingstone, 1998: 20).

---

[137] Vgl. Tichenor, P. J.; Donohue, G. A.; Olien, C. N. (1970): Mass media flow and differential growth of knowledge. In: Public Opinion Quarterly, Bd. 34. S. 159-170. Gatziano, C. (1983): The knowledge gap: Analytical Review of media effects. In: Communication Research, Bd. 10. S. 447-486.

Es wird zunehmend erkannt, daß es sich bei den Medieneinflüssen nicht um materielle, sondern um symbolische Reize handelt und das Symbolverständnis des Zuschauers an zwei Bedingungen geknüpft ist. Einmal muß der Rezipient kognitive Strategien anwenden, um das Wahrgenommene zu verstehen, und zweitens muß er sich dazu gesellschaftlicher Bedeutungsmuster bedienen, deren Gültigkeit immer wieder in einem sozialen Diskurs zu überprüfen sind (Charlton, 1997: 18). Film- und Fernsehverarbeitung ist also ohne Rückgriff auf verschiedene Wissensbestände nicht möglich (Ohler, 1994: 25). Werden jedoch das soziale Wissen sowie die konstruktivistischen und interpretativen Fähigkeiten des Zuschauers in Betracht gezogen, so verringert sich die Möglichkeit einer derart starken und direkten einseitigen Wirkung. Dies bedeutet nicht, daß die Medien in keinerlei Weise Einfluß auf ihr Publikum ausüben würden, doch ist dieser Einfluß sehr viel komplexer als zunächst angenommen. Die Wirkung hängt von den individuellen Wissensbeständen und Lebenssituationen ab, aber ebenfalls von dem kulturellen Kontext. So haben ethnographische Studien über die Rezeption der Serie *Dallas* in verschiedenen kulturellen Umgebungen gezeigt, daß es nicht die „eine" Wirkung gibt, sondern vielmehr, daß die Zuschauer vor ihrem eigenen kulturellen Hintergrund das Programm auf sehr unterschiedliche Weise verstanden haben[138] (Morley & Robins, 1995: 126f).

Daß Medienkonsum in seinem sozialen und kulturellen Kontext gesehen werden muß, ist das Verdienst der Cultural Studies, die zur Erforschung des Verhältnisses von Medienkonsum und Jugendkultur in England entstanden

---

[138] Holländische Frauen z. B. interpretierten die Serie nach Ang (1985) durch einen feministischen Blick auf ironische Weise. Michaels (1988) zufolge interpretierten die australischen Aborigines dagegen *Dallas* durch ihre besonderen Verwandtschaftsstrukturen und entwickelten damit eine völlig andere Lesart als die von den Produzenten von *Dallas* gemeinte. Und, wie Liebes & Katz (1991) feststellten, auch Zuschauer mit amerikanischem, russischem, nordafrikanischem und japanischem Hintergrund nahmen ganz verschiedene Dinge in der Serie wahr und zogen unterschiedliche Botschaften aus dem Rezipierten.
Vgl. Ian Ang (1985): Watching Dallas. Methuen: London. Eric Michaels (1988): Hollywood iconography: a Walpiri reading. In: P. Drummond.; R. Paterson (Hg.) (1988): Television and its Audience. British Film Institute: London; Tamara Liebes; Elihu Katz (1991): The Export of Meaning: Cross-Cultural Readings of Dallas. Oxford University Press: Oxford.

sind. Hier wird der Prozeß der Medienrezeption und -aneignung als soziales Handeln betrachtet, das in die Lebenspraxis von Individuen und Gruppen eingebunden ist. Die Medien stellen dabei keine nivellierenden und
manipulierenden Kräfte dar, sondern werden als symbolische Ressourcen
genutzt, um eigene Erfahrungen auszudrücken, persönliche Beziehungen
aufzubauen und die Organisation des alltäglichen Lebens zu regeln (Winter, 1997: 59f). Das Encoding/decoding Modell von Stuart Hall (1980)
kann als grundlegend für die Cultural Studies angesehen werden. Es orientiert sich an der Frage, warum und wie der gesellschaftlich positionierte Rezipient einen Text rezipiert, und läßt sich mit dem prägnanten Satz „Texts
are made by their readers" auf den Punkt bringen (vgl. Krotz, 1997: 74ff).

Doch auch, wenn der Rezipient eine aktive Rolle in der Konstruktion von
Bedeutungen spielt, üben die Medien auf den Zuschauer dennoch Einfluß
aus, der nicht übersehen werden darf. Allerdings erfolgt dies auf eine sehr
viel komplexere Weise als zunächst angenommen wurde, so daß es, gerade
bei Langzeitwirkungen, schwierig ist, ihn zu untersuchen oder nachzuweisen. So vermögen das Fernsehen und Filme die ursprünglichen Annahmen
eines Zuschauers zu intensivieren, indem dieser Charaktere sieht, die seine
Überzeugungen bestätigen; oder die Medien können die Relevanz bestimmter Überzeugungen oder Denkweisen verstärken bzw. durch die
mehrmalige Wiederholung bestimmter Themen deren Wichtigkeit un-
terstreichen. So können z. B. kulturelle Stereotype, die von einem Film zum
nächsten Film weitergetragen werden, das Gefühl von Realität vermitteln
bzw. andere Realitäten aus dem Blick geraten lassen.[139] Damit werden bestimmte „Bilder von der Welt" überakzentuiert und können so die Einstellungen des Rezipienten beeinflussen (Kagelmann & Wenniger, 1982: 22).

Stereotype sind nach Tornabene (1994) ein fester Bestandteil von Filmen
und Fernsehprogrammen. Sie gelangten durch die Kommunikatoren, wie z.
B. Drehbuchautoren und Regisseure, die ebenso wie ihre Mitmenschen in
bestimmte Kulturen eingebunden sind, größtenteils unbewußt in ihre Ar-

---

[139] Daß Stereotype auch durch die Massenmedien weiter kommuniziert werden und daß
die Medien diese systematisch verbreiten, wird leider auch in aktuelleren Theorien
der Sozialpsychologie übersehen (Livingstone, 1998: 73).

beiten und würden damit zur Stabilisierung von Stereotypen bei den Zuschauern führen. Sie haben dabei die Funktion, das Verständnis bestimmter Zusammenhänge zu erleichtern und so die Welt zu ordnen (Tornabene, 1994: 58f). Zudem scheinen kulturelle Stereotype im Film beim Rezipienten einen mehr oder weniger bedeutenden Faktor in der Identitätsbildung darzustellen: „Beim Rezipieren von Fernsehen findet aus Sicht der Rezipienten ein Prozeß der Aushandlung von Identität statt, der Rezipient sieht sich im Licht der Haltungen der durch die Medien vermittelten Generalisierten Anderen oder von konkreten Bildschirmfiguren."[140]

Daß die stets neue Produktion und Konstruktion kultureller Stereotype im Film den Rezipienten, dessen Denkmuster und Überzeugungen beeinflussen können, scheint unumstritten. In welcher Weise und in welchem Umfang dies allerdings geschieht, ist individuell und kulturell verschieden und außerdem schwer nachzuweisen, denn bei einer Untersuchung der Wirkung der Medien müßten zu viele Variablen, die überdies nicht alle bekannt sind, berücksichtigt werden. Jedoch kann nun untersucht werden, in welcher Form kulturelle Stereotype im Film auftreten. Welche Bilder von Kulturen werden immer wieder in Filmen reproduziert und in welcher Form werden sie dargestellt? Das folgende Kapitel wird den Fragen nachgehen und sich mit der exemplarischen Analyse eines Spielfilms beschäftigen.

---

[140] Friedrich Krotz (1997): Kontexte des Verstehens audiovisueller Kontexte. Das sozial positionierte Subjekt der Cultural Studies und die kommunikativ konstruierte Identität des Symbolischen Interaktionismus. In: Charlton & Schneider (1997): Rezeptionsforschung. S. 81.

7 Kulturelle Stereotype im Film

„Kaum ein Film kommt ohne die Darstellung von Fremdheiten aus. Die medialen Dramaturgien leben geradezu davon, daß sie das Bekannte mit dem Unbekannten, das Reguläre mit dem Außergewöhnlichen, das Eigene mit dem Fremden konfrontieren. Daraus entsteht erst dramatische Spannung, am Konflikt des Vertrauten mit dem Fremden erst entzündet sich häufig unser Interesse am Zuschauen - nicht am unentwegt Gleichen und Harmonischen."[141]

Die Konstruktion des Fremden ist also ein Grundmuster filmischen Erzählens. Diese Konstruktion scheint besonders über die stereotype Darstellung vom Fremden zu funktionieren, wobei dies m. E. nicht nur dazu dient, das Interesse beim Zuschauer zu wecken und Spannungen aufzubauen, sondern ebenfalls für den Rezipienten ein Mittel ist, sich mit dem Eigenen zu identifizieren und sich vom Fremden abzusetzen.

Daß in Frage 5 der empirischen Untersuchung besonders Nicht-Europäer als Fremde empfunden wurden, schlägt sich ebenfalls auf die Wahrnehmung des Fremden im Film nieder. Viele der angegebenen Filme beinhalten vor allem die Darstellung „nicht-europäischer Fremder".

So konzentrieren sich viele Untersuchungen, die sich mit dem Thema „kulturelle Stereotype im Film" beschäftigt haben, auch vornehmlich auf die stereotype Darstellung einer bestimmten Kultur.[142] Sie sind damit hauptsächlich auf den Inhalt der Stereotype beschränkt und lassen die versteckten Mechanismen und Darstellungsmittel außer acht. Jedoch sind gewisse

---

[141] Knut Hickethier (1995): Zwischen Abwehr und Umarmung. Die Konstruktion des anderen in Filmen. In: Ernst Karpf (Hg.) (1995): „Getürkte Bilder": Zur Inszenierung von Fremden im Film. Arnoldshainer Filmgespräche Bd. 12. Schüren Presseverlag: Marburg. S. 21f. Im folgenden: Hickethier (1995): Zwischen Abwehr und Umarmung.

[142] Vgl. unter anderem Michael Hanisch (1995): Polen und Deutsche - Deutsche und Polen. Eine schwierige Nachbarschaft - gestern wie heute. In: Freunde der deutschen Kinemathek e. V. (Hg.) (1995): „Kann denn Lüge Wahrheit sein?". Heft 87. Movimento network GmbH: Berlin. S. 11-17. Sowie: Claudia Beindorf (1996): „Sie tanzte nur einen Sommer". Konstruktion und Rezeption von Stereotypen. Humboldt-Universität zu Berlin: Berlin.

Strukturen in der stereotypen Darstellungsweise, unabhängig vom Inhalt der Stereotype, erkennbar.

Kulturelle Stereotype kommen in Filmen auf die verschiedensten Arten vor. Hier soll nun unterschieden werden zwischen den Mitteln der stereotypen Darstellungsweise von Kulturen und sieben verschiedenen Grundmustern von Fremdheit.[143] Diese wurden auf der Basis der in der Umfrage angegebenen Filme herausgefunden.

7.1 Mittel der Darstellung von Fremdheit

Besonders interessant ist die Konstruktion von Fremdheit, wenn sie mit dem Anspruch auftritt, realitätsnah oder wirklichkeitsabbildend zu sein. Dies ist z. B. in Spielfilmen der Fall, die nach einer „wahren Begebenheit" erzählt werden, wie beispielsweise *Nicht ohne meine Tochter*, oder aber in Historienfilmen, die einen Teil der Geschichte nachstellen sollen, wie etwa *Lawrence von Arabien*. Ganz besonders tritt dieser „Realitätsanspruch" in vielen Dokumentarfilmen auf, doch soll dieses Genre aufgrund des begrenzten Umfangs der Arbeit nicht näher betrachtet werden.

In den „wirklichkeitsbezogenen", aber auch in fiktiven Filmen, die ebenfalls bedeutend zur Konstruktion unserer Weltbilder beitragen, sind besonders die versteckten Mechanismen und Mittel von Interesse, jene Art, wie kulturelle Stereotype im Film transportiert werden und in welcher Form sie auftreten. Es soll dies im folgenden näher beleuchtet werden.

7.1.1 Sprache

Besonders häufig ist der verbale Ausdruck kultureller Stereotype im Film, wobei es sich mehr um die gesprochene Sprache handelt als um die schriftliche (doch auch diese Art kann in Form von Zeitungsausschnitten oder Plakaten vorkommen). Die Bandbreite reicht hier von direkten stereotypen Äußerungen wie „Das ist ein primitives, fanatisches Land" (*Nicht ohne meine Tochter*) bis hin zu sehr versteckten indirekten Zuschreibungen über eine bestimmte Kultur.

---

[143] Die von Hickethier (1995) festgestellten vier Grundmuster von Fremdheit sollen hier um drei zusätzliche erweitert werden.

Uta Quasthoff (1973) ordnet die sprachlichen Erscheinungsformen von Stereotypen in vier verschiedene Kategorien ein. Die einfachste verbale Form des Stereotyps ist die Prädikation, also die Zuweisung von Eigenschaften und Verhaltensweisen zu der bezeichneten Gruppe wie z. B. „Die Kubaner sind musikalisch" (*Buena Vista Social Club*) oder „Sie [die Buschmänner] sind sanft und freundlich" (*Die Götter müssen verrückt sein*). Diese Aussagen gelten jeweils für den „typischen" Vertreter der Gruppe.

Typ 2 der Erscheinungsformen stellt Äußerungen dar, „...deren Verbindlichkeit durch bestimmte Signale in der Oberflächenstruktur des Satzes eingeschränkt sind"[144]. Die Stellungnahme des Sprechers wird dabei pseudovermieden und anscheinend nur die öffentliche Meinung wiedergegeben. Sätze wie „Die Juden gelten als geizig" sind Beispiele für diesen Typ.

Bei der dritten sprachlichen Erscheinungsform von Stereotypen nimmt der Sprecher auf sich selbst Bezug durch den Einsatz von Verben wie „glauben", „denken" usw. Sätze, die derartige Begriffe enthalten, verdeutlichen, daß der Sprecher deren Inhalt für wahr hält, daß er aber sein stereotypes Urteil mit einer subjektiven Beurteilung versehen hat.

Der vierte Typ ist lediglich aus dem Kontext heraus zu identifizieren. Diese Form basiert auf der Voraussetzung, daß sie der Hörer oder Rezipient aufgrund seiner Kenntnis der Welt versteht. Stereotype dieses Typs befinden sich oft nicht im explizit Gesagten, sondern in dem implizit Vorausgesetzten. Ein Beispiel wäre: „Er ist Jude, aber er ist ehrlich".

7.1.2 Story

Die Story ist im Gegensatz zur Inszenierung einer Geschichte der Inhalt der Narration selbst. Dazu gehören der chronologische Handlungsablauf, aber auch Elemente der Geschichte wie z. B. der Charakter der dargestellten Figuren, Handlungszeit und -ort usw.

---

[144] Uta Quasthoff (1973): Soziales Vorurteil und Kommunikation. Eine sprachwissenschaftliche Analyse des Stereotyps. Athenäum Verlag GmbH: Frankfurt/Main. S. 248.

Ein deutliches Beispiel hierfür liefert der Fernsehfilm *Zwischen Liebe und Leidenschaft*[145]. Es geht in diesem Film um folgendes: Um ihren sterbenskranken Vater zu besuchen, fährt Claudia mit ihrer 7jährigen Tochter auf die italienische Insel Elba. Dort trifft sie den Italiener Marco, den sie vor sieben Jahren aus zunächst unerfindlichen Gründen verlassen hat. Marco ist Arzt, besitzt ein großes Haus, entspricht äußerlich eher dem nordischen Typ, ist liebevoll, verständig, verantwortungs- und pflichtbewußt. Insgesamt verkörpert er damit das Bild des „typischen" Deutschen. Marcos Bruder Nicola hingegen ist genau das Gegenteil. Er hat ein südländisches Äußeres, ist leidenschaftlich, leichtlebig, sorglos, liebt die Frauen und lebt ohne jegliche Verpflichtung auf seinem Boot. Auch mit ihm hatte Claudia seinerzeit eine Affäre. Der Zuschauer erfährt im Laufe des Films, daß Marco bezeichnenderweise impotent ist und demzufolge dessen Bruder Nicola der Vater von Claudias Tochter sein muß. Claudia hat sich zwischen den beiden Männern zu entscheiden. Nach einigen Schwierigkeiten entschließt sie sich schließlich für Nicola.

Der Film setzt an dem Stereotyp des „typischen" Deutschen (auch wenn Marco Italiener ist, so verkörpert er doch zumindest den Gegensatz zum „typisch" Südländischen) und dem des „typischen" Italieners an. Die sexuelle Bedrohung durch den potenten Südländer ist dabei eines der Grundthemen des Films. Diese Stereotype sind also tragendes Handlungselement des Films und damit auf der Story-Ebene verankert.

7.1.3 Filmische Mittel

Filmische Mittel sind von besonders großer Bedeutung für die Konstruktion kultureller Stereotype im Film. Sie werden häufig von Rezipienten nur unbewußt wahrgenommen, haben aber dennoch eine spezifische Wirkung. Zu den filmischen Mitteln gehören der Ton, wie z. B. Musik, Geräusche, Lautstärke usw., der Schnitt, also die Art der Zusammensetzung der Bilder und deren Reihenfolge, aber auch bestimmte Einstellungsverbindungen (z. B. Überblende, Montage usw.) sowie die einzelne Einstellung selbst, d. h.

---

[145] Erstausstrahlung am 15.11.2000 um 20.15 Uhr im ZDF. *Zwischen Liebe und Leidenschaft* Dtl. 2000; R: Marijan David Vajda

der formale Aufbau eines Bildes. Dazu zählen Kamerabewegungen (z. B. Ranfahrt, Rückfahrt, Seitfahrt oder Parallelfahrt), Kameraperspektive, wie z. B. auf Augenhöhe, Untersicht, Aufsicht usw., und die Einstellungsgrößen (Panorama, Totale, Halbtotale, Nah-, Groß-, Detailaufnahme und dgl.). Beispiele für die filmischen Mittel, die eingesetzt werden, um Fremdheiten zu konstruieren, wird die Filmanalyse in Kapitel 7.3 liefern.

7.1.4 Stars

Auch Stars können Transporteure kultureller Stereotype sein. Wesentliche Komponenten des Phänomens Star sind Erfolg, Image, Wirtschaftlichkeit und Wirkung („Idolwirkung", „Identifikation"). Von Bedeutung bei einem Star ist weniger die reale Person als sein Image. Die wirkliche Person bleibt dabei vielmehr ein „imaginäres Konstrukt"[146]. Meist manifestiert sich das Startum gerade in der Differenz zwischen der wirklichen Person und einer besonderen übermenschlichen Qualität. Dabei bilden Talente, Fähigkeiten, Aussehen usw. der realen Person natürlich die Grundlage für das Starimage: „Und ein Filmstar ... muß normalerweise eine bestimmte Leistung als Darsteller erbringen, wobei >künstlerische< Kriterien für diese Leistung weniger wichtig sein können als das Vermögen, kulturelle Stereotype zu verkörpern."[147]

Lowry & Korte (2000) unterscheiden bei dem Image eines Stars zwischen dem innerfilmischen („Rolle" oder „Leinwandimage"), das aus der spezifischen Realisierung der Filmrollen entsteht, und dem außerfilmischen Image, das durch das öffentlich bekannte Privatleben des Stars geprägt ist. Diese beiden Bereiche des Images können im Verhältnis zueinander unterschiedlich gewichtet sein und unterschiedlich zusammenpassen, indem sie sich decken, sich widersprechen oder partiell miteinander übereinstimmen.

Der wirtschaftliche Aspekt bei der Konstruktion eines Stars ist von wesentlicher Bedeutung. Das Starsystem ist daher sehr eng mit der Entwicklung der Filmindustrie verbunden. Bereits 1910 waren Stars ein wichtiger Faktor für

---

[146] Stephen Lowry; Helmut Korte (2000): Der Filmstar: Brigitte Bardot, Götz George, Heinz Rühmann, Romy Schneider, Hanna Schygulla und neuere Stars. Verlag J. B. Metzler: Stuttgart, Weimar. S. 9.

[147] Ebd. S. 10.

den Kinoerfolg. War das Starimage einer Person etabliert, so beeinflußte es wesentlich die Gestaltung weiterer Filme. Grad und Umfang der planvollen Kreation eines Starimages durch die Produktionsfirmen haben sich zwar seitdem verändert, doch die generelle Marktorientierung und andere Mechanismen der Imagegestaltung sind weiterhin prägend.

Moritz Bleibtreu z. B. ist ein Star des deutschen Films, der besonders durch seine Rolle in *Knockin' on heavens door* in den Vordergrund trat, in der er den einen türkischen Kleinkriminellen Abdul spielt. Er wurde bei der Umfrage besonders mit dem Bild des Türken in Verbindung gebracht (obwohl er selber keiner ist: geboren in Polen, lebt er jetzt in Deutschland) und transportiert damit ein kulturelles Stereotyp. Auch auf der Starseite im Internet, auf der Fans ihre Meinung über den Star schreiben können, wird fast ausschließlich diese Rolle lobend erwähnt.[148]

7.1.5 Genres/Erzählmuster

Kulturelle Stereotype treten bevorzugt in bestimmten Genres auf bzw. können mit spezifischen Erzählmustern in Zusammenhang gebracht werden. Diese Genres und Erzählmuster sind beispielsweise Kriegsfilme, Actionfilme, Komödien, Mafiafilme sowie die Gegenüberstellung des Eigenen und des Fremden als Handlungsträger.

Die Darstellung des Fremden im Kriminalfilm bedient sich vor allem der Aufklärungsdidaktik. Sie setzt meist an dem Vorurteil an, daß „Fremde" oder „Ausländer" kriminell seien, aus dem kriminellen Milieu stammen und zu Gewalt und Verbrechen neigen. Diese Meinung wird auch immer wieder in den Medien aufrechterhalten und weitergetragen. Die Dramaturgie des Kriminalfilms setzt auf Aufklärung von Fällen, wobei der Täter in der Regel nicht der anfangs verdächtigte „Ausländer" ist. Er dient allein dazu, die Polizei auf die falsche Fährte zu locken. Der „Ausländer" oder „Fremde" ist also meist schuldlos und nur durch die unglückliche Verstrickung von Zufällen in Verdacht geraten oder durch die Überreaktion von Polizei und Bevölkerung in ungewollte Situationen getrieben worden. Doch die Entlastung des zuvor Verdächtigten und der Beweis seiner Unschuld spielen sich

---

[148] Vgl. im Internet unter: www.moviedata.de

stets auf der Story-Ebene ab. Was bleibt, ist die Verbindung von „Ausländern" und Verbrechen. Damit werden bestehende Vorurteile und Stereotype bestätigt, denn der schuldige „Deutsche" oder der aus der eigenen
Kultur Stammende erscheint als Ausnahme oder Sonderfall, so daß das Stereotyp dadurch nicht auflöst und widerlegt wird.

In vielen Actionfilmen stellt der „Fremde" noch die exotische Kulisse dar.
In Filmen wie *Indiana Jones, Crocodile Dundee* oder *Allan Quatermain*
müssen die weißen Helden Abenteuer bestehen, die durch die fremde Umwelt und Kultur hervorgerufen werden. Es bleibt die Verbindung von Exo-
tik und dem „Fremden", die schon in den Anfängen der Filmgeschichte bestanden hat (vgl. Kap. 3.1). Der „Fremde" ist dabei im Hintergrund und
liefert die Projektionsfläche für exotistische Abenteuerwünsche des Zuschauers. Von einem Verstehen oder Näherbringen des „Fremden" kann
hier keine Rede sein.

In Komödien spielt der „Fremde" häufig eine Hauptrolle. Besonders gefragt ist hier der Farbige als Clown, der einen „angeborenen" Humor mit-
bringt und offenläßt, ob wir mit ihm oder über ihn lachen (Hickethier,
1995: 25). Whoopi Goldberg und Eddi Murphy haben oft solche Rollen
verkörpert in Filmen wie *Sister Act, Der Prinz aus Zamunda* usw.

Im Mafiafilm steht der „Fremde" ebenfalls im Vordergrund. Hier rankt sich
die Geschichte um die verbrecherischen Machenschaften eines oder mehre-
rer Mafiabosse oder um Kleinkriminelle, die durch besondere Umstände zu
illegalen Taten gezwungen werden. Die Großfamilie ist dabei die Stütze, sie
kann aber auch zur Falle werden. Bestehen bleibt der Zusammenhang von
„Fremden" und Verbrechen. In Filmen wie *Der Pate, Casino, Scar Face*
usw. kommt dieses stereotype Handlungsschema vor. Robert de Niro und
Al Pacino haben dabei häufig die Rolle des Mafioso verkörpert.

Anders ist der Zusammenhang von „Ausländern" und Verbrechen im
Kriegsfilm. In diesem Fall wird kollektive Feindbildproduktion betrieben.
„Fremdheit soll hier Gemeinschaften zusammenschweißen, soll integrieren,

soll Aggressionen erzeugen und nach außen lenken, soll neue Vorurteile schaffen und vorhandene bestärken."[149]

Ein weiteres Erzählmuster ist die extreme Gegenüberstellung von Eigenem und Fremdem, zwischen Moderne und Traditionalismus. Filme wir *Little Indian*[150] handeln von dem Aufeinandertreffen der Kulturen und den Problemen sowie Situationen, die sich durch die Differenz und das Unverständnis unter den Kulturen ergeben.

7.2 Grundmuster von Fremdheit

Aus den von stereotyper Darstellung bevorzugten Genres ergeben sich die verschiedenen Grundmuster von Fremdheit, von denen die folgenden sieben herausgefunden wurden. Das Kapitel kann allerdings nur einen Überblick über stereotype Darstellungsmuster geben und erhebt nicht den Anspruch auf Vollständigkeit. Zudem kommt, daß nicht jeder Film eindeutig einem Muster der stereotypen Darstellung des Fremden folgt. Außerdem gibt es Mischungen und Kombinationen der verschiedenen Elemente.

7.2.1 Der Fremde als Bedrohung

Der Fremde erscheint in vielen Filmen als Bedrohung des Zuschauers, als das Feindliche, das Böse. So wurden auch in der empirischen Untersuchung bei der Zuschreibung stereotyper Eigenschaften in Frage 1a am häufigsten Adjektive genannt, die mit dem Gefühl von Bedrohung am ehesten in Zusammenhang stehen („kriminell" und „aggressiv"). Thriller, Actionfilm und Kriegsfilm sind bevorzugte Genres für diese stereotype Darstellung. Die individuelle Bedrohung steht im Thriller oder Actionfilm im Vordergrund, wohingegen im Kriegsfilm eine ganze Gruppe als das Böse gezeichnet wird. Die Inszenierung ist dabei von Dämonisierung und Schematisierung geprägt wie z. B. die Darstellung des Vietkong in Vietnamfilmen, die Dar-

---

[149] Hickethier (1995): Zwischen Abwehr und Umarmung. S. 23.

[150] In diesem Film erfährt der Pariser Börsenmarkler Stephane nach 13 Jahren, daß er einen Sohn hat, der mit seiner Mutter bei den Amazonas-Indianern lebt. Als er ihm dort begegnet, nimmt er ihn mit nach Paris. Dort sorgt der „Wilde" für ziemlich viel Aufregung und Verwechslung und kehrt schließlich zu seiner Mutter zurück, weil er für ein Leben in der „Zivilisation" nicht geschaffen ist.

stellung der Deutschen in amerikanischen und britischen Filmen oder die Darstellung der Russen im deutschen Kriegsfilm. Feindbilder sollen erzeugt werden, um sich damit gegen den kulturell anderen abzugrenzen.

Paul Goetsch (1997) zeigt anhand der Filme *Platoon, Full Metal Jacket* und *Apocalypse Now*, die von mehreren Kritikern eher als kritische Kriegsfilme oder sogar Antikriegsfilme bezeichnet wurden, daß dennoch ein klares Freund-Feind-Schema aufgebaut wird. Er zeigt auf, daß Kampf- und Schlachtszenen in Kriegsfilmen eine Sonderstellung einnehmen und die Sympathie des Zuschauers auf besondere Weise lenken können. In den genannten Filmen zeichnen sich diese Szenen durch die Unsichtbarkeit des Vietkong aus, doch erzeugt gerade das Unbekannte, Undefinierbare den Schrecken: „Kampf- und Schlachtszenen, die mit zeitweise unsichtbaren oder als Schatten durch den Urwald huschenden Feinden arbeiten, erzeugen Angst und geraten in die Nähe des Gruselfilms und Thrillers."[151]

7.2.2 Der Fremde als Untergeordneter

Von großer Bedeutung sind in einigen Filmen Hierarchien, die aufgebaut werden, und in denen der Fremde als der Untergeordnete erscheint. Besonders in den fünfziger und sechziger Jahren zeigen zahlreiche Filme Fremde, die durch Unterordnung integriert werden. Der Farbige als treuer Hausdiener, als Feldarbeiter, als fürsorgende Mammy – das sind die Bilder der Sklavengesellschaft, wie wir sie aus *Vom Winde verweht* kennen. Doch auch neuere Produktionen bedienen sich solch eines Schemas (z. B. die fleißigen, helfenden schwarzen Feldarbeiter in *Gottes Werk und Teufels Beitrag* oder die treue italienische Hausangestellte, die schon so viele Jahre für die Familie arbeitet und „fast zur Familie gehört" in *Zwischen Liebe und Leidenschaft*). Die Figuren zeichnen sich in diesen Filmen durch ihre Treue und Loyalität gegenüber ihren Arbeitgebern aus.

7.2.3 Der Fremde als der gute Wilde

Ähnlich dem Schema „der Fremde als Untergeordneter" ist die Darstellung des Fremden als der gute Wilde, als Eingeborener. Dieses Bild des guten

---

[151] Paul Goetsch (1997): Der unsichtbare Feind im Vietnam-Film. Zum Problem der Sympathielenkung. In: Charlton & Schneider (1997): Rezeptionsforschung. S. 152.

Wilden ist so alt wie die Geschichte der europäischen Entdeckungsfahrten in die Neue Welt selbst. Schon damals wurden die Völker der Neuen Welt als in „einem Zustand der Fülle und der Sorglosigkeit, der Tugendhaftigkeit, der Unschuld und des Friedens"[152] Lebende beschrieben. So spielt auch die Sehnsucht des Zuschauers nach dem Paradies und die Flucht in eine exotische Welt eine Rolle.

In Filmen wie *Mission* oder *Die Götter müssen verrückt sein* wird das Bild des friedlichen, unschuldigen, in paradiesischen Verhältnissen lebenden Eingeborenen weiterhin gezeichnet. Aber letztlich hat auch er sich der europäischen Kultur unterzuordnen.

7.2.4 Der Fremde als das Komische

Wie bereits erwähnt, kann der Fremde auch als Komiker oder Clown sowie Entertainer agieren. Er ist damit nicht als eine Bedrohung zu sehen, doch zeichnet sich hier ebenfalls eine gewisse Hierarchie ab, denn indem wir über den Fremden lachen, wird er für den Zuschauer beherrschbar (Hickethier, 1995: 25).

Bevorzugtes Genre dieser Art der Darstellung des Fremden ist die Komödie. In ihr haben solche Rollen insbesondere Whoopi Goldberg als komische Streunerin oder verrückte Nonne, Eddi Murphy als Prinz aus einer anderen, exotischen Welt oder als chaotischer Polizist und Will Smith in *Independence Day* oder der Fernsehserie *Der Prinz aus Bel-Air* gespielt.

7.2.5 Der Fremde als Dummer

Ähnlich wie über den Fremden als Komiker wird über den dummen Fremden gelacht. Indem wir uns über ihn aufgrund seiner Dummheit lustig machen, wird dem Fremden auch hier in der Hierarchie ein unterer Platz zugewiesen. So wird in dem Film *Das Piano* das Bild der Maori als dumme und unzivilisierte Menschen gezeichnet. Sie sind wild, haben das Bedürfnis, alles anzufassen, benehmen sich wie Kinder, stehlen und werden hauptsächlich mit Sexualität in Verbindung gebracht. Die gezeigten Maori sind un-

---

[152] Karl-Heinz Kohl (1986): Entzauberter Blick. Das Bild vom Guten Wilden und die Erfahrung der Zivilisation. Suhrkamp Verlag: Frankfurt/Main. S. 12.

gebildet, respektlos dem Klavier gegenüber und ängstigen sich vor dem aufgeführten Schattenspiel, weil es ihnen fremd ist.

Und auch in dem Film *Knockin' on Heavens Door* erscheint der Fremde als der Dumme. Hier spielt Moritz Bleibtreu überzeugend einen türkischen Kleinkriminellen, der zu dumm ist, sein an zwei schwerkranke Menschen verlorenes Geld zurückzuholen.

7.2.6 Der Fremde als Hilfsbedürftiger oder Verfolgter

Filme, die den Fremden als Verfolgten oder Hilfsbedürftigen, dem Beistand zu gewähren ist, zeigen, spielen mit dem Mitleid des Zuschauers mit dem Schwachen. Das Fremde wird letztlich als nicht fremd erklärt, als vertraut und völlig ungefährlich. Dies geschieht z. B. in Science-Fiction-Filmen, in denen Wesen von anderen Planeten eine andere Form des Fremden darstellen. Häufig kommt diese Art der Darstellung des Fremden auch kombiniert mit dem Muster „der Fremde als Eingeborener" vor. So empfindet der Zuschauer im Film *Mission* Mitleid mit den „Eingeborenen", die zum Spielball der spanischen Kirche werden, oder mit dem „kleinen Buschmann" im Film *Die Götter müssen verrückt sein*, dessen Paradies durch das Eindringen der westlichen Zivilisation in Form einer Coca-Cola-Flasche gestört wird.

Für dieses Muster der Fremddarstellung wird auch gern das Kind-Schema verwendet. Die Infantilisierung des Fremden bedeutet dabei die Beherrschung des Fremden und stellt somit die vorhandenen Machtverhältnisse nicht in Frage.

Durch den kindlichen oder jugendlichen Blick erfährt der Zuschauer zusammen mit dem kindlichen Helden eine neue Welt. Gemeinsam können sich Held und Zuschauer diese fremde Umgebung aneignen. So führt der Film *Buddha*, in dem ein amerikanischer Junge von tibetanischen Mönchen als die Reinkarnation Buddhas betrachtet wird und deswegen mit seinem Vater nach Tibet reist, den Zuschauer durch die Augen des kleinen Jungen in eine neue Kultur und Umgebung ein. Und auch einige afrikanische Produktionen, oft in Koproduktion mit europäischen Produzenten, sind mit kindlichen Helden ausgestattet wie z. B. *Bando und der goldene Fußball*.

Der westliche Zuschauer erhält hierbei den Einblick in eine andere Welt, ohne daß sich dabei Abwehrhaltungen aufbauen könnten.

7.2.7 Der Fremde als Sympathieträger

Ähnlich dem vorangegangenen Muster werden bei dieser Darstellungsart dem Fremden Eigenschaften zugesprochen, die ihm gegenüber bei dem Zuschauer Sympathien erwecken. Allerdings zeichnet sich der Fremde hier nicht durch seine Schwäche aus, sondern erscheint als eine Art „Überfigur", die mit außergewöhnlichen Qualitäten ausgestattet ist. In *Keiner liebt mich* z. B. verliebt sich die Heldin in einen deutschen Yuppie, einen Schuft, der zudem impotent ist. Das Gegenstück dazu bildet der Nachbar Orfeo, ein warmherziger schwuler Farbiger, der stets mit Rat und Tat zur Seite steht. Er besitzt genau die Eigenschaften, die dem Deutschen fehlen: „Ein Lebenskünstler, der auf dem Dach tanzt, ein Zauberer mit hellseherischer Begabung, der am liebsten in seiner Wohnung afrikanische Rhythmen trommelt: ein poetisches Kontrastmittel, das die deutsche Umgebung um so frostiger erscheinen läßt."[153]

Auch in *Gandhi* ist die Hauptfigur mit fast übermenschlichen Fähigkeiten versehen. Wie ein „Quasi-Gott" kann er enthaltsam sein und Leiden ertragen. Ebenso erscheint in *Karate Kid* die Figur des chinesischen Lehrers als Weiser, der mit enormen Wissen und großen Kenntnissen ausgestattet ist.

7.3 Exemplarische Filmanalyse: *Nicht ohne meine Tochter*[154]

Da der Film *Nicht ohne meine Tochter* mit sehr einfachen, konventionellen Mitteln arbeitet, um starke Vorurteile und kulturelle Stereotype über Iraner, Moslems und den gesamten Orient zu transportieren, ist er für die Zwecke dieser Arbeit besonders geeignet, denn seine exemplarische Analyse soll zeigen, in welcher Form und auf welche Weise kulturelle Stereotype im Film erscheinen.

---

[153] Stefan Reinecke (1995): Projektive Übermalungen. Zum Bild des Ausländers im deutschen Film. In: Ernst Karpf (Hg.) (1995): „Getürkte Bilder": Zur Inszenierung von Fremden im Film. Arnoldshainer Filmgespräche Bd. 12. Schüren Presseverlag: Marburg. S. 17.

[154] Das Sequenzprotokoll des Films befindet sich im Anhang.

Der Film kam 1991, zur Zeit des 2. Golfkrieges, in die deutschen Kinos. Er basiert auf dem gleichnamigen Roman, der bereits wenige Monate nach seinem Erscheinen allein in Deutschland über zwei millionenmal verkauft worden ist. Die Vermarktung dieser Geschichte ist besonders interessant, denn es erschienen das Buch, der Film zum Buch und das Buch zum Film mit Bildern und Filmausschnitten. Letzteres stand ebenfalls lange Zeit auf den Bestsellerlisten. Trotz des relativ oberflächlichen, mit einfachen Mitteln arbeitenden Films wurde er in Deutschland zu einem großen Erfolg, erhielt das Prädikat „wertvoll"[155] und löste heftige Diskussionen über die wachsende Fremdenfeindlichkeit und die Problematik bikultureller Ehen aus.[156]

Sein Erfolg muß vor allem vor dem zeitgeschichtlichen Hintergrund betrachtet werden. Berichte und Bilder vom Golfkrieg füllten in jenen Tagen die Pressemeldungen. Feindbilder von fanatischen Islamisten zu schaffen, war in dieser Zeit von besonderem Interesse. Der Film zielt daher auf die Gegenüberstellung von einer christlich-friedlichen, moralisch unfehlbaren amerikanischen und einer fanatisch-religiösen, aggressiven und intoleranten iranischen Kultur. Die Stellungnahme der Kommission des „Film-dienst" lautet demzufolge: „Die formal durchschnittliche, mit konventionellen Mitteln auf Gefühlswirkung bedachte Verfilmung des subjektiv und einseitig berichtenden Buches ist infolge fehlender Ansätze von Selbstkritik geeignet, Ängste und Vorurteile gegenüber der Eigenart und Situation islamisch tradierter Länder zu verschlimmern."[157]

Die Story des Films ist folgende: *Nicht ohne meine Tochter* handelt von der Geschichte Betty Mahmoodys, die nach 7jähriger Ehe mit dem Iraner Moody und der gemeinsamen Tochter Mahtab 1984 für eine 14tägige Reise in den Iran fliegt, um die Verwandtschaft des Mannes zu besuchen. Moody entscheidet sich aber dafür, mit seiner Familie im Iran zu bleiben und zwingt seine Frau gewaltsam, seinem Entschluß zu folgen. Nach meh-

---

[155] Rose-Maria Gropp (1991): Ein amerikanischer Pullover und das Böse schlechthin. In: Frankfurter Allgemeine. 15.4.1991.

[156] Vgl. auch Horst Schäfer; Walter Schobert (Hg.) (1992): Fischer Film Almanach, 1992. Fischer Taschenbuch Verlag GmbH: Frankfurt/Main. S. 272f.

[157] Stellungnahme der Kommission zu *Nicht ohne meine Tochter*. In: Film-dienst. 1991, Jg. 44. S. 31.

reren vergeblichen Versuchen gelingen Betty und ihrer Tochter mit Hilfe Oppositioneller des Regimes die Flucht über die Türkei zurück nach Amerika.

Der Film beginnt mit einer Einführung in die Landschaftsidylle Amerikas. Charakteristischerweise geschieht dies mit einer Kamerafahrt über helle, lichtdurchflutete grüne Wälder und Seen, begleitet von ruhiger, heiterer Musik, wodurch ein friedlicher Eindruck vermittelt wird. Im Kontrast dazu erscheint der Iran als staubige, verdorrte Einöde. Hier sind keine Wälder und Seen zu sehen. Anstelle von Landschaft ist die Darstellung Teherans gekennzeichnet durch von Menschen und Autos überfüllte, laute und wirre Straßen sowie Großaufnahmen von Bildern Khomeinis und Lautsprechern, aus denen der Muezzin mit lauter Stimme ruft. Die fanatische Religiosität wird dadurch extrem in den Vordergrund gestellt. Sie erfährt ihren Höhepunkt bei der Flucht Bettys in Sequenz 8 (vgl. Sequenzprotokoll im Anhang), wo sekundenschnelle Aufnahmen des Bildes von Khomeini sowie Bilder vom Militär mit Bettys panischem Lauf durch die Stadt montiert sind. Es scheint, als verfolge Khomeini sie persönlich.

Die Darstellung der Menschen und ihrer Kultur in diesem Land ist ebenfalls von stereotypem Charakter und konstruiert Fremdheit als das Bedrohliche. Meist werden Iraner in Gruppen oder einem Menschengewühl gezeigt, was ein Gefühl von Chaos und Bedrohung beim Zuschauer auslöst. Die Ankunftsszene, in der Betty und Moody aus dem Flughafengebäude von Teheran heraustreten, wurde zum Teil mit wackliger, unruhiger Handkamera aufgenommen. Zudem stellt sie eine subjektive Kamera aus der Sicht Bettys dar, so daß sich der Zuschauer mit ihr identifizieren kann und zusammen mit ihr die fremde Kultur und deren Menschen kennenlernt. Eine bedrohliche Anzahl von Verwandten stürmt auf Moody zu und verschluckt ihn regelrecht. Im Hintergrund erscheinen Militär und ein überlebensgroßes Bild Khomeinis. Die subjektive Kamera wird wieder eingesetzt, als die Familie in den Hof einfährt und das Auto vor dem Haus anhält. Aus der Perspektive Bettys und ihrer Tochter, also der amerikanischen Sicht, sieht der Zuschauer einen soeben geschlachteten Hammel, über den die Ankommenden zu alledem auch noch hinwegsteigen müssen, wobei Mahtab aufschreit, weil sie Mitleid mit dem Tier empfindet. Der Fokus in dieser Szene auf das aufgewühlte Kind verstärkt beim Zuschauer den Eindruck, die fremden Menschen seien grausam und barbarisch.

Ein anderes Muster der Darstellung dieser Kultur ist das Zeigen der Menschen beim Gebet, das in diesem Film häufig vorkommt. Durch die Montage von Bildern Khomeinis und dem Militärregime wird die fanatische Religiosität zusätzlich betont. Es scheint im Leben dieser Menschen kaum etwas wichtigeres zu geben als den Islam.

Der Eindruck von Fremdheit wird besonders hervorgehoben durch die Dialoge der Iraner, die allesamt in Farsi gesprochen sind. Dies ist ein sehr eindringliches Mittel des Films. Das Gesprochene wird dabei weder untertitelt noch synchronisiert, was vor allem bei auf ein breites Publikum zugeschnittenen Filmen überhaupt nicht üblich ist. Der Zuschauer erfährt somit nie, was gesagt wird, und erhält dadurch zusätzlich ein befremdliches Gefühl. Daß meist auch noch in dieser Sprache diskutiert, gestritten und geschrien wird, läßt die Iraner als wilde, bedrohliche Menschen dastehen. Besonders die Frauen erscheinen, wenn sie nicht gerade als unmündige, stille und untertänige Opfer gezeigt werden, als böse, schreiende Hexen.

Auch die Hauptfiguren transportieren in dem Film starke kulturelle Stereotype. Der Ehemann Moody macht eine Wandlung durch, die der Zuschauer weder nachvollziehen noch verstehen kann, da die Geschichte allein aus der Perspektive Bettys erzählt wird. Daß Moody nach 7jähriger Ehe mit der Amerikanerin Betty so „amerikanisch wie ein Hamburger" sei, wie er seiner Tochter versichert, drückt sich in seinem gesamten Lebensstil, seinen Erziehungsmethoden und seinem Denken aus. Er trägt westliche Kleidung, hört klassische Musik, sein Hobby ist Angeln, und seine Tochter soll zu einer freien, emanzipierten Frau erzogen werden, denn sie könnte nicht nur Krankenschwester, sondern Ärztin werden. Seine Fremdheit wird jedoch bereits in Sequenz 1 eingeführt, die hier allerdings noch nicht bedrohlich erscheint. Am Bett erzählt er der Tochter von seiner Kultur und bringt hierbei diese mit Mystik und Religion in Verbindung. Auf die märchenhafte Erzählung hin möchte auch Mahtab das Land ihres Vaters kennenlernen. Daß sich dieser gute Amerikaner in eine fanatisch-religiöse Bestie verwandeln wird, ist an jener Stelle noch kaum denkbar. Er schwört sogar Betty auf den heiligen Koran, daß weder ihr noch der Tochter während der Reise in den Iran etwas geschehen werde.

Während des Aufenthaltes gibt es bereits erste Anzeichen für seine Veränderung (s. Sequenz 3), als er das zweite Mal zum Gebet geweckt wird. Betty bittet ihn, um diese frühe Morgenstunde bei ihr im Bett zu bleiben, woraufhin er überraschend aggressiv auf sie reagiert.

Der Umbruch geschieht dann zu Beginn von Sequenz 4. Er eröffnet Betty, daß die Familie im Iran bleiben werde. Durch die heftige Reaktion Bettys entsteht ein Streit, der durch das Schuß-Gegenschuß-Verfahren dargestellt wird. Die Kameraperspektive verläuft dabei von Moody auf Betty herab und von Betty zu Moody hinauf. Sie drückt damit das künftige Verhältnis zwischen den beiden aus: Der Mann, der seine Frau unterdrückt und die Macht über sie ausspielt. Schon in der folgenden Szene wird der Zuschauer Zeuge dieses Zustandes. Er schlägt sie; und es soll nicht bei diesem einen Mal bleiben. Im weiteren Filmverlauf schlägt er sie immer wieder, schreit sie an und hält sie schließlich einen Monat lang in der Wohnung gefangen. Daß er mit diesem Verhalten nicht allein dasteht, bringt er wiederholt zum Ausdruck. Die gesamte Familie billigt sein Gebaren, vielmehr: sie sind seine Verbündete. Moody betont mehrmals, daß Betty von seinen Verwandten beobachtet werde. Auch die Frauen in Mahtabs Schule, die zunächst für Bettys Lage Verständnis zeigen und sogar ihre Hilfsbereitschaft äußern, stellen sich als Mittäter des Mannes heraus. Sie verbieten Betty, in der Schule das Telefon zu benutzen und schauen tatenlos zu, als Moody seine Frau fast zu Tode prügelt. Der Film vermittelt damit den Eindruck, die gesamte iranische Welt habe sich gegen Betty verschworen. Hinzu kommt, daß sich fast alle Männer in diesem Film nach dem vorliegenden Schema verhalten. Die amerikanische Botschafterin erklärt Betty, daß es viele Amerikanerinnen im Iran gäbe, die sich in der gleichen Situation befänden. Kurz darauf lernt Betty in der Koranschule eine solche Amerikanerin kennen, die ebenfalls von ihrem Mann unterdrückt und geschlagen wird, die aber wegen der Kinder bei ihm geblieben ist und sich inzwischen sogar zu einer untertänigen Muslime verwandelt hat.

Frauen erhalten also durch diesen Film die Botschaft, daß der gläubige schiitsche Moslem der Mann in seiner schlimmsten Form sei. Gute Iraner seien nur solche, die ihre Liebe zu den USA bekennen.

Die Hilfe, mit der es Betty letztlich gelingt zu fliehen, erfährt sie von oppositionellen Iranern, dem Inhaber des Bekleidungsgeschäfts sowie einem Fluchthelfer, dem nichts mehr am Herzen liegt als Betty aus dem Iran zu bringen (die Bezahlung in Form einer kleinen Spende kann erfolgen, wenn Betty sicher in den Staaten angekommen ist). Die gepflegte Wohnung dieses Mannes ist dann auch dementsprechend westlich eingerichtet, es wird über das Paradies geplaudert, während im Hintergrund sanfte Klavieretüden erklingen.

Die religiöse Besessenheit Moodys steigert sich im Laufe des Films. Immer stärker wird er von den Mitgliedern seiner Familie eingenommen und verhält sich nach „den islamischen" Regeln. Daß er letztendlich ganz ohne Besinnung ist, zeigt sich in dem Telefonat, das Betty kurz vor ihrer Flucht führt. Moody ist dermaßen aufgebracht, daß ein Verwandter das Gespräch übernehmen muß. Nun treten gänzlich andere Eigenschaften zu Tage als die, die er als Amerikaner besaß.

Die Rolle der Betty Mahmoody wird von Sally Field gespielt, die sich hervorragend für diese Besetzung eignet, denn die bis zum Erscheinen des Films zweifache Oscar-Preisträgerin trägt besonders das Image einer tapferen Frau und Mutter.

Der Film macht sich ausschließlich die Perspektive Bettys zu eigen, was seinen Ausdruck in der häufigen Verwendung der subjektiven Kamera findet. Dies geschieht vor allem in den folgenden, für den Film besonders relevanten Szenen: die Ankunft im Iran und das Schlachten des Hammels vor der Haustür, das unbeherrschte Auftreten und die Schläge Moodys sowie die Autofahrt während der Flucht, auf der Betty befürchten muß, bei einer Paßkontrolle entdeckt zu werden. Dieser subjektive Blick wird jedoch in dem Film dazu verwandt, als ethnographischer Blick auf die iranische Kultur zu agieren. Daß Betty dabei jegliches Verständnis für diese Kultur vermissen läßt, drückt sie in Sätzen aus wie „Das ist ein primitives, fanatisches Land" oder „Weißt Du nicht, wie man hier Frauen behandelt." Die Notwendigkeit, daß sich in einer bikulturellen Partnerschaft beide Partner mit der jeweils anderen Kultur auseinandersetzen sollten, scheint von vornherein als nicht gegeben. So ist es z. B. selbstverständlich, daß ihr Mann Englisch spricht, sie dagegen keinen Satz in Farsi sprechen kann.

Unter dem Vorwand, das Schicksal einer bemitleidenswerten, unterdrückten Mutter zu erzählen, erhebt der Film dennoch den Anspruch, allgemeingültige Aussagen über die islamische Kultur machen zu können. Durch die extrem stereotype Darstellung des bedrohlichen Orients ist ein Hintergrund geschaffen, vor dem sich die Errungenschaften westlicher Zivilisation strahlend abheben können. Und so siegt auch der gute Christengott über den Frauen verachtenden Allah. Die allabendlichen Gebete Bettys mit ihrer Tochter („Lieber Gott, erhöre unser Gebet, verhilf uns zur Flucht aus dem Iran!") werden erhört, und es gelingt ihr, mit Hilfe einiger Khomeini-Gegner über die Türkei zu fliehen. Doch selbst den Helfern ist nicht zu trauen. Während der Flucht versucht einer der Männer, sie zu vergewaltigen (ein Ereignis übrigens, das der Buchautorin unbekannt ist und das für den Film hinzuerfunden wurde). Die Flucht wird in dem Film inszeniert als eine qualvolle Reise durch eine karge Landschaft. Extrem lange Überblenden von einer Einstellung zur nächsten drücken dabei die Leiden aus, die Betty mit ihrer Tochter erfahren muß. Manche dieser Fluchtszenen erinnern dabei an Karl Mays *Durchs wilde Kurdistan*. Betty wird auf dem Pferd durch Schluchten geführt, unterwegs werden sie beschossen, und ihr Begleiter, ein Kurde, verabschiedet sich hinter der Grenze – am Zügel seines Pferdes zerrend – mit einem wilden, freien Lachen. Die Freiheit, die Betty und ihre Tochter schließlich nach der beschwerlichen Flucht erlangen, wird durch die Großaufnahme einer amerikanischen Flagge symbolisiert, und der Zuschauer wird noch einmal durch einen Schriftzug („Am 9. Februar 1986 kehrten Betty und ihre Tochter zurück in die Vereinigten Staaten.") darauf aufmerksam gemacht, daß es sich bei dem Film um eine „wahre Geschichte" handelt.

Ein weiteres Mittel des Films, kulturelle Stereotype zu konstruieren, ist der Einsatz von Musik, die ruhig und heiter klingt, wenn sie Szenen in Amerika oder den guten Fluchthelfer begleitet, und besonders dann dramatisch anschwillt, sobald Betty durch die fremde Kultur bedroht wird wie z. B. in der

Szene, in der sie durch militärische Gewalt dazu gezwungen wird, den Tschador auf der Straße so zu tragen, daß er das Haar vollständig bedeckt.

Kulturelle Stereotype werden in diesem Film also durch die verschiedensten filmischen Mittel transportiert wie etwa Inszenierung, Kameraführung, Kamerablickwinkel, Musik usw. All dies trägt dazu bei, den Fremden als Bedrohung darzustellen und somit die eigene Kultur zu erhöhen.

Der Film wurde aufgrund seiner besonders offensichtlichen Strukturen ausgewählt, um an einem Beispiel aufzuzeigen, welche Mittel in Filmen verwendet werden können, Kulturen auf stereotype Weise darzustellen. Nicht in jedem Film geschieht dies so leicht erkennbar wie in *Nicht ohne meine Tochter*. Meist kommen Stereotype in sehr subtilerer Form vor, doch versucht die Analyse dieses Films den Blick für das Vorkommen von Stereotypen im Film zu schärfen.

8 Schlußbetrachtungen

„In den Zeiten der Globalisierung sind Bilder mehr denn je eine Währung, in der Kulturen untereinander handeln oder sich voneinander absetzten."[158] Hierbei dienen Stereotype Bilder vom Fremden dazu, sich des Eigenen bewußt zu werden, und stärken somit kulturelle Identitäten.

Da die Konstruktion kultureller Stereotype im Film viele Ursachen und Auswirkungen hat, sollte ihr Entstehen und Weiterbestehen in der vorliegenden Arbeit in einen weiteren Kontext gesetzt und kulturelle Stereotype dabei als ein Bestandteil von Kultur behandelt werden. Die Bedeutung des Begriffs Kultur hat sich allerdings im Laufe Zeit sehr vielen Wandlungen unterzogen. Hier soll Kultur vor allem als ein synkretistisches Gebilde betrachtet werden. Kultur zeichnet sich vor allem durch ihre innovative Kraft aus, indem verschiedene kulturelle Elemente kreativ zu einem scheinbar homogenen Ganzen verschmelzen. Kulturelle Stereotype und andere Orientierungsmuster, die einen Teil von Kultur darstellen, sind damit von ebenso dynamischem und wandelbarem Charakter und können so z. B. auf gesellschaftliche Veränderungen reagieren.

Eine besonders bedeutende Funktion der kulturellen Stereotype liegt in der Möglichkeit der Selbstverortung. Sie können dem Bedürfnis nach Abgrenzung dienen und tragen dadurch zur Bildung kultureller Identitäten bei. Voraussetzung für die Bildung kultureller Identitäten ist die Wahrnehmung des kulturell Anderen, des Fremden, gegen den sich die eigene Gruppe abgrenzen kann. Stereotype Bilder vom Fremden können dabei die Grundlage für die Ausbildung von Kategorien des Eigenen und des Fremden sein. Doch nicht der Inhalt dieser Bilder ist für Gruppen definitionsrelevant; wichtig für das Aushandeln und Weiterbestehen kultureller Identitäten sind die Mechanismen und Strukturen, durch die diese Bilder immer wieder vermittelt werden. Kulturelle Stereotype und mit ihnen Identitäten werden im Zeitalter der Globalisierung, globaler Netzwerke der Massenkommuni-

---

[158] Michael Jeismann (2000): Die Mutter aller Blenden. So wird der Wahn zu Wirklichkeiten: Wie Völker sich im Film erfinden. In: Frankfurter Allgemeine Zeitung, 6.3.2000.

kation und Filmindustrie, zunehmend in voller Wahrnehmung der restlichen Welt konstruiert.

Doch was sind Stereotype, wie werden sie gebildet und worin liegen ihre Funktionen und Wirkungsweisen?

Im Gegensatz zu Vorurteilen, die der Haltung einer bestimmten Gruppe gegenüber gleichkommen und eine gewisse Handlungsbereitschaft implizieren, sind Stereotype eher kognitive Konzepte, die Verallgemeinerungen über Einzelpersonen oder Menschengruppen darstellen. Extrem positive Vorstellungen und Stereotype vom Fremden werden als Exotismus bezeichnet, eine Abwertung der fremden Gruppe und Aufwertung der eigenen dagegen als Ethnozentrismus. Daß Stereotype, wie so oft beschrieben, gerade nicht absolut starre, verfestigte Bilder über bestimmte Gruppen sind, sondern sich durchaus in ihrem Inhalt als Reaktion auf sich verändernde Verhältnisse wandeln können, zeigen Beispiele wie die Darstellung von Japanern im Film, bevor und nachdem sich Japan zu einer Weltwirtschaftsmacht entwickelt hat.

Wie Stereotype entstehen, wurde auf verschiedene Weise versucht zu erklären. Zum einen wurde ihre Entstehungsursache in der Persönlichkeit des Individuums gesehen, zum anderen wurden intergruppale Phänomene zu ihrer Erklärung herangezogen. Individuelle Gründe können z. B. besondere Persönlichkeitsstrukturen sein, die in der autoritären Erziehung begründet sind (Theorie der Autoritären Persönlichkeit), das Umwandeln von Frustrationen in Aggressionen gegen eine fremde Gruppe bzw. gegen Sündenböcke (Frustrations-Aggressions-Hypothese und Sündenbocktheorie) oder die Wahrnehmung einer sozialen Benachteiligung gegenüber einer Vergleichsgruppe - meist Minderheiten - und ihr Verantwortlichmachen dafür (Theorie der relativen Deprivation). Andererseits können intergruppale Konflikte in die Erklärung von Vorurteilen und Stereotypen mit einbezogen werden. Sie bilden dann das Resultat eines Wettbewerbs zwischen Gruppen um Statusposition, Macht und andere Ressourcen (Theorie des Realistischen Gruppenkonflikts). Die Theorie der Sozialen Identität schließt vor allem den Wettbewerb um soziale Ressourcen, wie z. B. Prestige, in ihren Erklärungsansatz mit ein. Nach der Theorie des Sozialen Lernens entstehen stereotype Einstellungen im Individuum durch soziale Einflüsse wie Erziehung der Eltern, Massenmedien, Schule usw. Jede der genannten Theorien hat ihre Kritikpunkte, doch trägt jede einzelne ihren Anteil an der Erklärung der Entstehung von Stereotypen bei.

Die Funktionen von Stereotypen liegen in ihrer Eigenschaft, Informationen und Eindrücke aus der Umwelt zu strukturieren und somit als Orientierungshilfen zu dienen. Vor allem aber tragen sie zu sozialer Differenzierung bei; durch sie wird zwischen der eigenen und der fremden Gruppe unterschieden. Daß in dieser Arbeit besonders die Funktion der Abgrenzung betont wird, bedeutet nicht, daß Stereotype verharmlost werden sollen, denn Übergänge zu Rassismus sind fließend (Zick, 1998: 142). Durch Stereotype können auch geplante oder ausgeführte Handlungen gegenüber Fremdgruppen gerechtfertigt werden.

Bei dem Kontakt zwischen verschiedenen Gruppen kann die Wirkung der Stereotype aufgrund der durch sie gegebenen Voreingenommenheit sichtbar werden. „Begegnungen zwischen Kulturen beginnen selten beim Punkt Null, bei der tabula rasa ... Fast jeder Kulturkontakt ist somit geprägt durch eigene oder tradierte Vorerfahrung, die ihren konkreten Niederschlag und Ausdruck in spezifischen Bildern des jeweils Fremden gefunden haben. Über fast alle Menschen, denen wir begegnen, haben wir bereits irgendwelche kategoriellen Vorinformationen."[159]

Die Wirkung dieser Vorinformationen kann in ihrer Wahrnehmungsveränderung liegen. Selektive Wahrnehmung führt dann dazu, daß das zu sehen Erwartete auch bestätigt wird. Doch hat zwar das Individuum aufgrund seiner Sozialisation seine Kultur verinnerlicht, „aber es hat auch die Möglichkeit, durch eine Anstrengung des Bewußtseins seine eigene kulturelle Bedingtheit zu erfassen und zu reflektieren."[160] Wasel (1998) geht sogar davon aus, daß Stereotypisierungen nicht völlig automatisch ablaufen, sondern willentlich kontrolliert werden können.[161]

---

[159] Roth (1999): Bilder in den Köpfen. S. 30.

[160] Dettmar (1989): Rassismus, Vorurteile, Kommunikation. S. 6.

[161] Wolfgang Wasel (1998): Wir können auch anders. Willentliche Kontrolle stereotypen Denkens. Peter Lang GmbH: Frankfurt/Main, Berlin, Bern, New York, Paris, Wien.

Meist sind kulturelle Stereotype Eigenschaften oder Verhaltensmerkmale, die fremden Gruppen oder Personen zugeschrieben werden, auch wenn stereotype Selbstbilder ebenfalls vorkommen. Fremdheit ist dabei immer eine relationale Größe. Sie kann nur in Abgrenzung zu dem Eigenen erfahren werden. Häufig sind die Bilder vom Fremden abhängig von den vorherrschenden Modellen in einer Kultur.

Auch in der Geschichte des Films ist daher der Fremde, der kulturell Andere, ein wesentlicher thematischer Bestandteil. Zunächst nur als untergeordneter Schwarzer, Indianer oder als exotische Kulisse und später vor allem in Verbindung mit Abenteuern tritt die Figur des Fremden auf. Die Frage, wer in Europa als der Andere betrachtet wird, ist für die Analyse des Fremden im Film ebenfalls interessant. Nach den Studien des Eurobarometers finden Fuchs et al. heraus, daß als der Andere z. B. in Deutschland besonders nichteuropäische Nationalitäten erachtet werden. Das kann damit zusammenhängen, daß zunehmend kollektive Identitäten auf der europäischen Ebene konstruiert werden und deshalb nicht mehr der europäische Nachbar als fremd wahrgenommen wird. Dieses Ergebnis wird durch die eigene (allerdings nicht repräsentative) Umfrage bestätigt. Gleichzeitig wurde hier herausgefunden, daß Stereotype in großem Umfang in Spielfilmen wahrgenommen werden. Die Stereotype können dabei negativer, aber ebenso positiver oder neutraler Art sein. Interessant ist, daß es bestimmte Muster in der stereotypen Zuweisung von Eigenschaften gibt; so können z. B. Stars wie Moritz Bleibtreu kulturelle Stereotype transportieren.

Zu der Bearbeitung des Themas Kulturelle Stereotype im Film gehören aber neben der individuellen Rezeption ebenso die wirtschaftlichen und politischen Faktoren. Daß Stereotype im Film transportiert werden, hat auch einen bedeutenden wirtschaftlichen Aspekt, genauso wie der Staat bemüht ist, stereotype Bilder anderer Kulturen im Film weiterleben zu lassen, um das Bestehen kollektiver Identitäten zu unterstützen. Vielfach wurde auch die Furcht vor einem amerikanischen Kulturimperialismus aufgrund des großen US-amerikanischen Marktanteils in Europa ausgesprochen. Die Produktion und das Protegieren des europäischen Films wird daher oft mit dem Argument geführt, daß dem Überschwemmen des Marktes mit amerikanischen Produktionen entgegengewirkt werden soll.

In dieser Debatte wird deutlich, daß dem Film bei der Konstruktion kultureller Identitäten eine relevante Rolle beigemessen wird. Das geschieht vornehmlich durch die stereotype Darstellung von Kulturen. Daß diese Art der Darstellung besonders in narrativer fiktionaler Form stattfindet, zeigt auch ein Ergebnis der Umfrage. Narrative Filme scheinen eine große Bedeutung zu haben. Aus der Programmübersicht in Tabelle 5 ist das ebenfalls erkennbar; ein Großteil des Fernsehprogramms besteht aus fiktionaler Unterhaltung. Das Verstehen von Narrationen bildet also die Grundlage für die Verarbeitung und die Rezeption von Filmen.

In den gängigen Rezeptionstheorien wird zunehmend die aktive Rolle des Rezipienten betont. Der sozial positionierte und biographisch vorgeprägte Zuschauer nimmt einen wesentlichen Stellenwert bei der Konstruktion von Bedeutungen ein und ist nicht als passives, von den Medien beeinflußbares Subjekt zu sehen. Vielmehr konstruieren Rezipienten aufgrund ihrer Lebenserfahrung eine subjektive Lesart des Rezipierten. Jedoch kann der Zuschauer nicht beliebig in das Gesehene hineininterpretieren, was er möchte. Auch in dem Text selbst sind „Instruktionen" angelegt, auf welche Weise er interpretiert werden kann. Hinzu kommen kollektive „gesellschaftliche" Deutungsmuster, die die Lesart des Rezipienten beeinflussen. Die Interpretation eines Textes muß außerdem immer vor dem Hintergrund sogenannter Ko-Texte gesehen werden.

Wie die Medien wirken, ist durch sehr unterschiedliche Theorien erklärt worden. Zunächst schrieb man ihnen eine sehr große Macht, die sie auf den Rezipienten ausüben, zu. Allerdings wurde diese Annahme inzwischen relativiert. Zudem kam die Erkenntnis, daß die Medien nicht nur auf das Verhalten Auswirkungen haben können, sondern auch auf Emotionen, Einstellungen und soziale Interaktionen. Da der Rezipient eine aktive Rolle beim Verstehen von Medien spielt, sind mögliche Wirkungen abhängig von individuellen Wissensbeständen, der Lebenssituation und dem jeweils kulturellen Kontext.

Wie kulturelle Stereotype im Film auf den Rezipienten wirken, ist ein sehr komplexer Prozeß und kann daher in der vorliegenden Arbeit nicht ausreichend behandelt, sondern mögliche Wirkungen nur aufgezeigt werden.

Untersucht werden sollten daher vielmehr die Strukturen im Text, die kulturelle Stereotype transportieren. Stereotype Darstellungen können im Film auf unterschiedliche Weise vorkommen. So kann die Sprache Stereotype enthalten oder diese können auf der Story-Ebene verankert sein. Andere Möglichkeiten der Darstellung sind filmische Mittel, Stars, Genres und Erzählmuster. Außerdem wurden auf der Grundlage der in der Umfrage angegebenen Filme sieben verschiedene Grundmuster der Fremdheitskonstruktion herausgefunden. Der Fremde kann als Bedrohung, als Untergeordneter, als guter Wilder, als Komiker, als Dummer, als Hilfsbedürftiger oder aber als Sympathieträger beschrieben werden. Die abschließende Analyse des bei der Befragung häufig genannten Films *Nicht ohne meine Tochter*, in dem der Fremde als Bedrohung auftritt, versuchte, die eingesetzten Mittel der stereotypen Fremddarstellung zu verdeutlichen.

In dieser Arbeit sollte das Thema aus der Sicht verschiedener Disziplinen beleuchtet werden. Der Fokus der Analyse lag dabei auf kulturellen Stereotypen im Spielfilm. Neben der Untersuchung von Spielfilmen wäre es ebenfalls interessant zu untersuchen, welche Mittel in Dokumentarfilmen verwandt werden, um kulturelle Stereotype zu transportieren. Denn daß besonders auch hier viele kulturelle Stereotype auftreten, darf nicht übersehen werden. In Dokumentarfilmen wirkt zusätzlich der Anspruch auf Wirklichkeitsdarstellung. Die spezifische Wahrnehmung von Dokumentarfilmen und seine Strukturen[162] ist somit ein selbständiges Untersuchungsgebiet für die Analyse kultureller Stereotype.

Daß also damals wie heute kulturelle Stereotype aktuell sind und in den verschiedensten Medien weiterleben, zeigt die bereits 1949 von Hofstätter gemachte Aussage: „Manchmal beschleicht uns die Sorge, der liebe Gott habe nicht Einzelwesen, sondern Typen geschaffen, die jeweils durch zahlreiche Exemplare vertreten sind."[163]

---

[162] Vgl. dazu z. B. Christa Blümlinger (Hg.) (1990): Sprung im Spiegel. Filmisches Wahrnehmen zwischen Fiktion und Wirklichkeit. Sonderzahl Verlagsgesellschaft mbH: Wien.

[163] Peter R. Hofstätter (1949): Die Psychologie der öffentlichen Meinung. Wien. S. 2.

Anhang 1: Exemplar eines Fragebogens

Liebe Kommilitonin / lieber Kommilitone!

Ich bin Studentin der FU und arbeite zur Zeit an meiner Magisterarbeit zum Thema „Fremde im Film". Im Rahmen dieser Arbeit möchte ich Filme untersuchen, in denen Eigenschaften und Verhaltensmerkmale Personen bestimmter Kulturen zugeschrieben werden.

Um nun herauszufinden, welche Filme bei Zuschauern besonders das Gefühl hinterlassen, Menschen anderer Kulturen kennengelernt zu haben, habe ich einen Fragebogen erstellt und möchte Dich bitten, mir dabei zu helfen. Ich würde mich sehr freuen, wenn Du mir den ausgefüllten Fragebogen zurückschicken würdest.

Für Fragen und Anregungen bin ich jederzeit offen. Bitte schicke sie mir an sibylle3@zedat.fu-berlin.de

4 Fragen zum Thema „Fremde" im Film

1. Mir geht es zunächst um Wesens- und Verhaltensmerkmale, die Menschen „fremder" Kulturen zugeschrieben werden. Nenne bitte einen oder mehrere Filme, in denen Deiner Meinung nach solche Merkmale besonders deutlich auftreten.

(Falls Du den Titel des Films nicht mehr weißt, notiere bitte das Thema, den Regisseur oder andere Angaben, an die Du Dich erinnerst.)

_____

_____

_____

1a.   Welche Eigenschaften oder Verhaltensmerkmale werden in **diesem** Film Personen einer bestimmten Kultur zugeschrieben?

_____

_____

_____

2. Einmal anders herum gefragt:

Welcher Film markiert jeweils besonders deutlich Eigenschaften „des typischen"

Westeuropäers   _____

US-Amerikaners   _____

Afrikaners   _____

Asiaten   _____

Lateinamerikaners   _____

Türken   _____

Arabers   _____

Australiers   _____

Osteuropäers   _____

120

3. Nachfolgend habe ich Filme aufgelistet, in denen Menschen verschiedener Kulturen vorkommen. Dabei werden jeweils Merkmale der Kultur mehr oder weniger deutlich akzentuiert. Kreuze bitte an, in welchem Maße der jeweilige Film Deiner Meinung nach von diesen Merkmalen geprägt ist.

	stark	mittel	we- nig	gar nicht	unbe- kannt
Keiner liebt mich (mit Maria Schrader; R: Dorris Dörrie; 1994)					
Nicht ohne meine Tochter (mit Sally Field; R: B. Gilbert; 1990/91)					
Yasemin (mit Ayse Romey u. Uwe Bohm; R: Hark Bohm; 1988)					
Once were warriors (mit R. Owen; R: Lee Tamahori; 1994)					
James Bond 007– Die Welt ist nicht genug (mit Pierce Brosnan u. Sophie Marceau; R: Michael Apted; 2000)					

4. Was verbindest Du spontan mit dem Thema „Ausländer" im **deutschen** Film?

_____

5. Jetzt habe ich noch eine ganz allgemeine Frage:

An Menschen aus welchem Land denkst Du, wenn von Leuten anderer Kultur die Rede ist?

_____

Zum Schluß einige Angaben zur Statistik:

Alter   _____

Geschlecht   _____

Muttersprache(n)   _____

Studienfachrichtung   _____

Vielen Dank für Deine Mitarbeit!

Anhang 2: Filmographie[164]

- *Abschied vom falschen Paradies* (BRD, 1988; 96 min.; R: Tevfik Baser; D: Zuhal Olcay, Brigitte Jahner)

- *Allan Quatermain – Auf der Suche nach dem Schatz der Könige* (USA, 1985; 100 min.; R: J. Lee Thompson; D: Richard Chamberlain, Sharon Stone)

- *Allan Quatermain - Auf der Suche nach der geheimnisvollen Stadt* (USA, 1986; 99 min.; R: Gary Nelson, Newt Arnold; D: Richard Chamberlain, Sharon Stone)

- *American Beauty* (USA, 1999; 121 min.; R: Sam Mendes; D: Kevin Spacey, Annette Bening)

- *American Psycho* (USA/Kanada, 2000; 102 min.; R: Mary Harron; D: Christian Bale, Willem Dafoe)

- *Angst essen Seele auf* (BRD, 1973; 93 min.; R: Rainer Werner Fassbinder; D: Brigitte Mira, El Hedi Ben Salem)

- *Anna und der König* (USA, 1999; 140 min.; R: Andy Tennant; D: Jodie Foster, Chow Yun-fat)

- *Apocalypse Now* (USA, 1976-79; 153 min.; R: Francis Ford Coppola; D: Martin Sheen, Marlon Brando)

- *Bando und der goldene Fußball* (F/Guinea; 93 min.; R: Cheik Doukouré; D: Abouboucar Sidiki Soumah, Habib Hammoud)

- *Basqiuat* (USA, 1996; 106 min.; R: Julian Schnabel; D: Jeffrey Wright, Claire Forlani, David Bowie)

- *Berlin in Berlin* (BRD/Türkei, 1993; 99 min.; R: Sinan Cetin; D: Hülya Avsar, Cem Özer, Armin Block)

---

[164] In Frage 1 und 2 der Befragung genannte sowie in der Arbeit erwähnte Filme in alphabetischer Reihenfolge, ergänzt um zusätzliche Informationen von Land, Erscheinungsjahr, Länge in Minuten, Regisseur (=R) und Darsteller (=D) (Quelle: www.kabel1.de/filmlexikon und: www.mainz-online.de/freizeit/kino/film). Filme, die in Reihe erschienen, wurden in ganzem Umfang aufgeführt.

- *Beverly Hills Cop – Ich lös den Fall auf jeden Fall* (USA, 1984; 105 min.; R: Martin Brest; D: Eddi Murphy, Lisa Eilbacher)

- *Beverly Hills Cop II* (USA, 1987; 103 min.; R: Tony Scott; D: Eddi Murphy, Judge Reinhold)

- *Beverly Hills Cop III* (USA, 1993; 104 min.; R: John Landis; D: Eddi Murphy, Judge Reinhold)

- *Bin ich schön* (D, 1998; 120 min.; R: Doris Dörrie; D: Franka Potente, Steffen Wink)

- *Birth of a Nation* (USA, 1915; R: D. W. Griffith; D: Henry B. Watthall, Mae Marsh)

- *Blues Brothers* (USA, 1979; 133 min.; R: John Landis; D: John Belushi, Dan Aykroyd, James Brown)

- *Buena Vista Social Club* (D/USA/Kuba, 1999; 105 min.; R: Wim Wenders)

- *Casino* (USA, 1995; 178 min.; R: Martin Scorsese; D: Robert de Niro, Joe Pesci, Sharon Stone)

- *Clueless – Was sonst* (USA, 1995; 97 min.; R: Amy Heckerling; D: Alicia Silverstone, Stacey Dash)

- *Cool Runnings* (USA, 1993; 98 min.; R: Jon Turteltaub; D: Derice Bannock, Doug E. Doug)

- *Crocodile Dundee – Ein Krokodil zum Küssen* (Austr., 1986; 97 min.; R: Peter Fairman; Paul Hogan, Linda Kozlowski)

- *Crocodile Dundee II* (USA/Austr., 1988; 112 min.; R: John Cornell; D: Paul Hogan, Linda Kozlowski)

- *Crocodile Dundee in Los Angeles* (Austr., 2001; 92 min.; R: Simon Wincer; D: Paul Hogan, Linda Kozlowski)

- *Das dreckige Dutzend* (USA/E/GB, 1966; 143 min.; R: Robert Aldrich; D: Lee Marvin, Ernest Borgnine)

- *Das dreckige Dutzend II* (USA, 1985; 93 min.; R: Andrew V. McLaglen; D: Lee Marvin, Ernest Borgnine)

- *Das dreckige Dutzend III – Die tödliche Mission* (USA, 1986; 91 min.; R: Lee H. Katzin; D: Telly Savalas, Ernest Borgnine)

- *Das dreckige Dutzend IV* (USA/I, 1988; 91 min.; R: Lee H. Katzin; D: Telly Savalas, Ernest Borgnine)

- *Das Leben ist schön* (I, 1997; 124 min.; R: Roberto Benigni; D: Roberto Benigni, Nicoletta Braschi)

- *Das Piano* (USA, 1992; 120 min.; R: Jane Campion; D: Holly Hunter, Harvey Keitel)

- *Dem Himmel so nah* (USA, 1995; 102 min.; R: Alfonso Aran; D: Keanu Reeves, Aitana Sanchez-Gijon)

- *Der mit dem Wolf tanzt* (USA, 1990; 183 min.; R: Kevin Costner; D: Kevin Costner, Mary McDonnell)

- *Der Pate* (USA, 1971; 176 min.; R: Francis Ford Coppola; D: Marlon Brando, Al Pacino)

- *Der Pate Teil II* (USA, 1974; 200 min.; R: Francis Ford Coppola; D: Al Pacino, Robert Duval)

- *Der Pate Teil III* (USA, 1989-90; 161 min.; R: Francis Ford Coppola; D: Al Pacino, Talia Shire)

- *Der Postmann* (I, 1994; 109 min.; R: Michael Radford; D: Massimo Troisi, Philippe Noiret)

- *Der Prinz aus Zamunda* (USA, 1988; 116 min.; R: John Landis; D: Eddi Murphy, Arsenio Hall)

- *Der schmale Grat* (USA, 1998; 170 min.; R: Terrence Malick; D: Sean Penn, George Clooney)

- *Desperado* (USA, 1995; 110 min.; R: Robert Rodriguez; D: Antonio Banderas, Joaquim de Almeida)

- *Die Abenteuer des Baron Münchhausen* (GB/BRD, 1987/88; 120 min.; R: Terry Gilliam; D: John Neville, Eric Idle)

- *Die Asche meiner Mutter* (USA, 1999; 146 min.; R: Alan Parker; D: Emily Watson, Robert Carlyle)

- *Die Brücke von Arnheim* (USA, 1976; 163 min.; R: Richard Attenborough; D: Dirk Bogarde, James Caan)

- *Die Götter müssen verrückt sein* (Südafrika, 1980; 103 min.; R: Jamie Uys; D: Marius Wayers, Sandra Prinsloo)

- *Die Götter müssen verrückt sein II* (Südafrika/USA, 1988; 97 min.; R: Jamie Uys; D: NXau, Lena Farugia)

- *Die Kommissarin* (UDSSR, 1967/88; 105 min.; R: Aleksander Askoldow; D: Nonna Mordjukowa, Rolan Bykow)

- *Die Mumie* (USA, 1999; 90 min.; R: Stephen Sommers; D: Stephen Dunham, Brendam Fraser)

- *Die Mumie kehrt zurück* (USA, 2000; 129 min.; R: Stephen Sommers; D: Arnold Vosloo, Brendan Fraser)

- *Doktor Schiwago* (USA, 1961; 200 min.; R: David Lean; D: Omar Sharif, Geraldine Chaplin)

- *Don Juan de Marco* (USA, 1994; 97 min.; R: Jeremy Leven; D: Marlon Brando, Johnny Depp)

- *Drachenfutter* (BRD, 1987; 79 min.; R: Jan Schütter; D: Bhasker, Ric Young)

- *Drei Farben: Weiß* (F/P/Schweiz, 1993; 91 min.; R: Krzysztof Kieslowski; D: Zbigniew Zamachowski, Julie Delpy)

- *Drei Farben: Blau* (F/P, 1993; 98 min.; R: Krzysztof Kieslowski; D: Juliette Binoche, Benoit Regent)

- *Drei Farben: Rot* (F/Schweiz/P, 1994; 99 min.; R: Krzysztof Kieslowski; D: Irene Jacob, Jean-Louis Trintignant)

- *Durchs wilde Kurdistan* (BRD/E, 1965; 105 min.; R: Franz Josef Gottlieb; D: Lex Barker, Marie Versini)

- *East is East* (GB, 1999; 96 min.; R: Damien ODonnell; D: Om Puri, Linda Bassett)

- *El Acordeón del diablo* (D, 2000; 90 min.; R: Stefan Schwietert; D: Francisco „Pacho" Rada, Alfredo de Jesús)

- *Es war einmal in Amerika* (USA, 1982/84; 228 gek. 167 min.; R: Sergio Leone; D: Robert de Niro, James Wood)
- *Evita* (USA, 1996; 134 min.; R: Alan Parker; D: Madonna, Jonathan Pryce)
- *Fallen Angels* (Hongkong, 1996; 96 min.; R: Wong Kar-Wai; D: Leon Lai Ming, Takeshi Kaneshiro)
- *Forrest Gump* (USA, 1993; 142 min.; R: Robert Zemeckis; D: Tom Hanks, Jenny Curran)
- *Fräulein Smillas Gespür für Schnee* (D/Dk/S, 1997; 121 min.; R: Bille August; D: Julia Ormond, Gabriel Byrne)
- *Für eine Handvoll Dollar* (BRD/E/I, 1964; 100 gek. 88 min.; R: Bob Robertson; D: Clint Eastwood, Marianne Koch)
- *Full Metal Jacket* (GB/USA, 1987; 116 min.; R: Stanley Kubrick; D: Mathew Modine, Adam Baldwin)
- *Gandhi* (GB/USA/Indien, 1981/82; 188 min.; R: Richard Attenborough; D: Ben Kinsley, Candice Bergen)
- *Gorillas im Nebel – Die Leidenschaft der Dian Fossey* (USA, 1988; 130 min.; R: Michael Apted; D: Sigourney Weaver, Bryan Brow)
- *Gottes Werk und Teufels Beitrag* (USA, 1999; 131 min.; R: Lasse Hallström; D: Tobey Maguire, Michael Caine)
- *Grüne Tomaten* (USA, 1991; 130 min.; R: Jon Avnet; D: Mary Stuart Masterson, Mary-Louise Parker)
- *Hamam – Das türkische Bad* (I/Türkei/E, 1996; 98 min.; R: Ferzan Ozpetek; D: Alessandro Gassman, Francesca d'Aloja)
- *Hass* (F, 1995; 97 min.; R: Mathieu Kassovitz; D: Vincent Cassel, Hubert Kounde)
- *Havanna Mi Amor* (D, 1999; 80 min.; R: Uli Gaulke)
- *Homo faber* (D/F/Gr, 1990; 117 min.; R: Volker Schlöndorff; D: Sam Shepard, Julie Delpy)

- *Im Juli* (D, 1999; 100 min.; R: Fatih Akin; D: Moritz Bleibtreu, Christiane Paul)

- *Im Reich der Sinne* (Japan, 1976; 102 Orig. 110 min.; R: Nagisa Oshima; D: Tatsuya Fuji, Eiko Matsuda)

- *Independence Day* (USA, 1995; 145 min.; R: Roland Emmerich; D: Will Smith, Bill Pullman)

- *Indiana Jones und der Tempel des Todes* (USA, 1983; 118 min.; R: Steven Spielberg; D: Harrison Ford, Kate Capshaw)

- *Indiana Jones und der letzte Kreuzzug* (USA, 1988; 126 min.; R: Steven Spielberg; D: Harrison Ford, Sean Connery)

- *In Humanity's Cause* (USA, 1911)

- *Jackie Chan ist Nobody* (Hongkong, 1998; 124 min.; R: Jackie Chan, Benny Chan; D: Jackie Chan, Michelle Ferre)

- *James Bond 007 – In tödlicher Mission*[165] (GB, 1980; 130 min.; R: John Glenn; D: Roger Moore, Carole Bouquet)

- *James Bond 007 – Octopussy* (GB, 1982; 130 min.; R: John Glenn; D: Roger Moore, Mand Adams)

- *James Bond 007 – Im Angesicht des Todes* (GB/USA, 1984; 130 min.; R: John Glenn; D: Roger Moore, Tanya Roberts)

- *James Bond 007 – Der Hauch des Todes* (GB/USA, 1987; 130 min.; R: John Glenn; D: Timothy Dalton, Maryam D'Abo)

- *James Bond 007 – Lizenz zum Töten* (GB, 1988/89; 133 min.; R: John Glenn; D: Timothy Dalton, Carey Lowell)

- *James Bond 007 – Goldeneye* (USA/GB, 1995; 130 min.; R: Martin Campbell; D: Pierce Brosnan, Sean Bean)

- *James Bond 007 – Der „Morgen" sirbt nie* (GB, 1997; 120 min.; R: Roger Spottiswoode; D: Pierce Brosnan, Jonathan Pryce)

---

[165] Alle James Bond Filme ab 1980.

- *James Bond 007 – Die Welt ist nicht genug* (GB/USA, 1999; R: Michael Apted; D: Pierce Brosnan, Sophie Marceau)

- *Jenseits von Afrika* (USA, 1985; 161 min.; R: Sydney Pollack; D: Meryl Streep, Robert Redford)

- *Jumpin' Jack Flash* (USA, 1986; 105 min.; R: Penny Marshall; D: Whoopi Goldberg, Stephen Collins)

- *Kaffee, Milch und Zucker* (USA, 1994; 117 min.; R: Herbert Ross; D: Whoopi Goldberg, Mary-Louise Goldberg)

- *Kanak Attack* (D, 2000; 86 min.; R: Lars Becker; D: Benno Führmann, David Scheller)

- *Karate Kid* (USA, 1983; 127 min.; R: John G. Avildsen; D: Ralph Macchio, Noriyuk „Pat" Morita)

- *Karate Kid II – Entscheidung in Okinawa* (USA, 1986; 113 min.; R: John G. Avildsen; D: Ralph Macchio, Noriyuk „Pat" Morita)

- *Karate Kid III – Die letzte Entscheidung* (USA, 1987; 112 min.; R: John G. Avildsen; D: Ralph Macchio, Noriyuk „Pat" Morita)

- *Karate Kid IV – Die nächste Generation* (USA, 1994; 103 min.; R: Christopher Cain; D: Noriyuk „Pat" Morita, Hilary Swank)

- *Keiner liebt mich* (D, 1994; 104 min.; R: Doris Dörrie; D: Maria Schrader, Pierre Sanoussi-Bliss)

- *Knockin' on heavens door* (D, 1996; 89 min.; R: Thomas Jahn; D: Til Schweiger, Jan Josef Liefers, Moritz Bleibtreu)

- *La Bamba* (USA, 1986; 108 min.; R: Luis Valdez; D: Lou Diamond Phillips, Esai Morales)

- *Lawrence von Arabien* (USA, 1962; 194 min.; R: David Lean; D: Peter O Toole, Alec Guinness)

- *Liberty Heights* (USA, 1999; 127 min.; R: Barry Levinson; D: Adrien Brody, Bebe Neuwirth)

- *Little Buddha* (F/GB, 1993; 141 min.; R: Bernardo Bertolucci; D: Chris Isaak, Bridget Fonda)

- *Little Indian. Ein Indianer in Paris* (F, 1994; 90 min.; R: Herve Palud; D: Thierry Lhermitte, Patrick Timsit)

- *Lola rennt* (D, 1998; 79 min.; R: Tom Tykwer; D: Franka Potente, Moritz Bleibtreu)

- *Lola und Billidikid* (D, 1998; 95 min.; R: Kutlug Ataman; D: Baki Davrak, Gandi Mukli)

- *Männer* (BRD, 1985; 99 min.; R: Doris Dörrie; D: Heiner Lauterbach, Uwe Ochsenknecht)

- *Malcolm X* (USA, 1992; 201 min.; R: Spike Lee; D: Denzel Washington, Angela Bassett)

- *Mars Attacks* (USA, 1996; 106 min.; R: Tim Burton; D: Jack Nicholson, Glenn Close)

- *Mission* (GB, 1986; 125 min.; R: Roland Joffe; D: Robert de Niro, Jeremy Irons)

- *Mississippi Burning* (USA, 1988; 127 min.; R: Alan Parker; D: Gene Hackman, Willem Dafoe)

- *Miss Undercover* (USA, 2000; 110 min.; R: Daniel Petrie; D: Sandra Bullock, Michael Caine)

- *Nicht ohne meine Tochter* (USA, 1990/91; 114 min.; R: Brian Gilbert; D: Sally Field, Alfred Molina)

- *Night on Earth* (USA, 1991; 126 min.; R: Jim Jamusch; D: Winona Ryder, Gena Rowlands

- *Nordrand* (Ö/D, 1999; 103 min.; R: Barbara Albert; D: Nina Proll, Edita Malovic)

- *O Brother, Where Art Thou? Eine Mississippi Odyssee* (USA, 2000; 107 min.; R: Joel Coen; D: George Clooney, John Turturro)

- *Once were warriors, dt.: Die letzte Kriegerin* (Neuseel., 1994; R: Lee Tamahori; D: Rena Owen, Temuera Morrison)

- *Out of Rosenheim* (BRD, 1987; 108 min.; R: Percy Adlon; D: Marianne Sägebrecht, CCH Pounder)

- *Pearl Harbour* (USA, 2001; 183 min.; R: Michael Bay; D: Ben Affleck, Greg Zola)

- *Platoon* (USA, 1986; 120 min.; R: Oliver Stone; D: Tom Berenger, Willem Dafoe)

- *Pulp Fiction* (USA, 1994; R: Quentin Tarantino; D: Tim Roth, Amanda Plummer, John Travolta)

- *Reise zur Sonne* (Türkei/D/Nl, 1999; 109 min.; R: Yesim Ustaoglu; D: Newroz Baz, Nazmi Oirix)

- *Rocky* (USA, 1976; 118 min.; R: John G. Avildsen; D: Sylvester Stallone, Talia Shire)

- *Rocky II* (USA, 1978; 116 min.; R: Sylvester Stallone; D: Sylvester Stallone, Talia Shire)

- *Rocky III* (USA, 1985; 92 min.; R: Sylvester Stallone; D: Sylvester Stallone, Talia Shire)

- *Rocky IV* (USA, 1990; 104 min.; R: John G. Avildsen; D: Sylvester Stallone, Talia Shire)

- *Roots – Das Geschenk der Freiheit* (USA, 1988; 90 min.; R: Kevin Hooks; D: Louis Gossett jr., LeVar Burton)

- *Rossini oder die mörderische Frage, wer mit wem schlief* (D, 1996; 110 min.; R: Harald Dietl; D: Götz George, Mario Adorf, Veronica Ferres)

- *Rote Laterne* (Hongkong/VR China, 1991; 125 min.; R: Zhang Yinou; D: Gong Li, Ma Jingwu)

- *Samurai Fiction* (Japan, 1998; 111 min.; R: Hiroyuki Nakano; D: Hotei, Morio Kazana)

- *Shanghai Noon* (USA, 2000; 110 min.; R: Tom Dey; D: Jackie Chan, Owen Wilson)

- *Sieben Jahre in Tibet* (USA, 1997; 135 min.; R: Jean-Jacques Annaud; D: Brad Pitt, David Thewlis)

- *Sister Act I – Eine himmlische Komödie* (USA, 1992; 100 min.; R: Emile Ardolino; D: Whoopi Goldberg, Maggi Smith)

- *Sister Act II – In göttlicher Mission* (USA, 1993; 107 min.; R: Bill Duke; D: Whoopi Goldberg, Wendy Makkena)

- *Soul Man* (USA, 1986; 101 min.; R: Steve Miner; D: C. Thomas Howell, Arye Gross)

- *Spiel mir das Lied vom Tod* (I/USA, 1968; 164 Orig. 176 min.; R: Sergio Leone; D: Claudia Cardinale, Henry Fonda)

- *Tanz der Vampire* (GB/USA, 1967; 118 min.; R: Roman Polanski; D: Jack MacGowran, Roman Polanski)

- *TGV Express – Der schnellste Bus nach Conakry* (Senegal/F, 1997; 86 min.; R: Moussa Touré; D: Makena Diop, Al Hambou Traoré)

- *Thirteen Days* (USA, 2000; 157 min.; R: Roger Donaldson; D: Bruce Greenwood, Dylan Baker)

- *Time of the gypsis* (Jug., 1989; 141 min.; R: Emir Kusturica; D: Davor Dujmovic, Bora Todorovic)

- *Under Control* (Hongkong, 1999; 99 min.; R: Vincent Kok; D: Jackie Chan, Shu Qi)

- *Underground* (F/D/Ung., 1995; 300 min.; R: Emir Kusturica; D: Miki Manojlowic, Lazar Ristovski)

- *Vier Hochzeiten und ein Todesfall* (GB, 1993; 117 min.; R: Mike Newell; D: Hugh Grant, Andie MacDowell)

- *40 qm Deutschland* (BRD, 1985; 80 min.; R: Tevfik Baser; D: Özay Fecht, Yaman Okay)

- *Vom Winde verweht* (USA, 1939; 230 min.; R: Victor Fleming; D: Vivien Leigh, Clark Gable)

- *Winnetou I* (BRD/Jug./F, 1963; R: Harald Reinl; D: Lex Barker, Pierre Briece)

- *Winnetou II* (BRD/Jug./F, 1964; R: Harald Reinl; D: Lex Barker, Pierre Briece)

- *Winnetou III* (BRD/Jug., 1965; R: Harald Reinl; D: Lex Barker, Pierre Briece)

- *Winnetou und sein Freund Old Firehand* (BRD/Jug., 1966; 94 min.; R: Alfred Vohrer; D: Pierre Briece, Rod Cameron)

- *Winnetou und das Halbblut Apanatschi* (BRD/Jug., 1966, 90 min.; R: Harald Philipp; D: Lex Barker, Pierre Briece)

- *Winnetou und Shatterhand im Tal der Toten* (BRD/Jug./I, 1968; 98 min.; R: Harald Reinl; D: Lex Barker, Pierre Briece)

- *Yasemin* (BRD, 1987/88; 86 min.; R: Hark Bohm; D: Ayse Romey, Uwe Bohm)

- *Yol - Der Weg* (Türkei/Schweiz/BRD/F, 1981/82; 114 min.; R: Serif Gören; D: Tarik Akan, Serif Sezer)

- *Zwischen Liebe und Leidenschaft* (D, 2000; R: MarijanVajda)

Anhang 3: Sequenzprotokoll des Films *Nicht ohne meine Tochter*

Dauer	Beschreibung

0.50s   Titelvorspann

1. Sequenz: in Amerika

1.24s   lichtdurchfluteter Wald in Amerika.

1.47s   Michigan, 1984: Essen in der Villa mit den Eltern.

0.44s   Rassismus im Krankenhaus.

1.26s   Moody hört daheim klassische Musik. Gespräch mit Betty über Rassismus.

1.49s   Moody liest Mahtab am Bett vor. Gespräch über seine Heimat.

3.13s   Moodys Telefonat mit Familie. Gespräch mit Betty über Ferien im Iran. Abends Betty überredet. Moody schwört auf den Koran.

2. Sequenz: Ankunft im Iran

0.27s   Landung.

2.50s   Begrüßung der Familie am Flughafen.

2.19s   Fahrt nach Hause. Szenen von Teherans Straßen. Einfahrt in den Hof. Begrüßung der restlichen Familie. Schlachten eines Hammels.

0.39s   Betty betrachtet das Gebet vom Dach des Hauses.

3. Sequenz: Ferien im Iran

1.03s   Alltag: Betty duscht, sie schlafen, sie werden zum Gebet geweckt, Moody betet.

1.43s	Szenen auf der Straße. Einkaufen von Geschenken auf dem Markt. Militär zwingt Betty, den Tschador zu tragen.
1.24s	Blick über Stadt bei Nacht. Abendessen. Verschwörerische Blicke der Familie auf Betty.
2.42s	Betty und Moody im Gespräch über Tschador, Familie und häufiges Duschen.
1.11s	Gebet des Muezzins erklingt aus Lautsprechern. Moody wird geweckt, reagiert aggressiv auf Betty.
0.37s	Streit zwischen Moody und Männern der Familie. Moodys Blick aus Fenster auf spielende Mahtab.
2.21s	Betty fotografiert auf Dach am Abend. Moody holt sie herein. Gespräch auf Treppe. Moody erzählt, ihm sei gekündigt.
0.29s	Packen für die Abreise.

4. Sequenz: Wende: Bleiben im Iran

3.20s	Verwandter erklärt, sie können nicht abreisen, weil Genehmigung fehlt. Moody sagt, er wolle im Iran bleiben. Streit. Moody schlägt Betty.
2.34s	Abendessen. Betty wendet sich bittend an Familie. Alle schreien auf sie ein.
1.40s	Betty bei Mahtab am Bett. Moody kommt und nimmt sämtliche Papiere weg.
0.31s	Moody telefoniert mit Bettys Mutter.
2.20s	Moody bringt Betty essen, erklärt seine Gefühle, verspricht, es werde besser, geht. Betty betet mit Mahtab.
0.43s	Betty telefoniert mit Mutter, die ihr Tipps gibt. Moody ertappt sie.

5. Sequenz: Leben und Unterdrückung im Iran

1.14s	Versuch Bettys, mit Botschaft zu telefonieren, scheitert.
0.44s	Moody wütend über Bettys Versuch. Er sagt, die Familie beobachte sie ständig. Mahtab soll die Schule besuchen.
4.25s	Bettys Fahrt mit Taxi zur Schweizer Botschaft. Gespräch mit amerikanischer Botschafterin: Ausreise aussichtslos. Fahrt nach Hause.
0.45s	Ankunft zu Hause. Moody wütend, schlägt Betty.
0.49s	Straßenszenen bei Regen. Mahtabs Geburtstag.
2.17s	Gespräch zwischen Betty und Moody. Umarmung. Sie überredet ihn, bei seiner Schwester auszuziehen.
0.34s	Einzug bei Mamal und Nasrin (sprechen englisch, weil schon einmal Besuch in USA).
0.32s	Moody kündigt Besuch seines Onkels an.
1.00s	Abendessen mit Onkel, der Betty Koranschulbesuch vorschlägt.
1.34s	Bettys Kennenlernen der Amerikanerin Ellen in der Koranschule. Männer holen sie ab.
0.24s	Betty instruiert Mahtab, Moody beim Einkauf über alles auszufragen.
0.53s	Auf dem Markt. Mahtab befragt Moody nach allem, was sie sieht.
2.54s	Besuch von Ellen und Ehemann. Gespräch der Frauen in Küche. Betty gibt Ellen Brief an Schweizer Botschaft.
1.30s	Moody verzweifelt, weil er keine Arbeit findet. Schickt Betty allein auf den Markt.

6. Sequenz: Fluchtgedanken

2.26s	Betty auf Markt. Lernt Hahmed, Inhaber eines Bekleidungsgeschäfts kennen. Kann dort telefonieren.

0.43s	Betty bringt Mahtab zu Bett. Gebet.
0.26s	Mahtabs erster Schultag.
1.55s	Einkaufen mit Nasrin auf Markt. Kurzer Besuch bei Hahmed. Kennenleren der Fluchthelferin.
0.56s	Mahtab daheim weinend in Arm Moodys. Betty soll künftig bei Mahtab in Schule bleiben.
1.46s	Betty wartet in Schule auf Mahtab. Bombeneinschlag. Im Luftschutzkeller. Moody holt Frau und Tochter ab, gibt Amerika Schuld.
0.39s	Betty in Koranschule. Ellen von Mann wegen des Briefes geschlagen.
1.35s	Betty in Mahtabs Schule. Gespräch mit mitleidigen Frauen, die helfen wollen aber das Telefonieren verbieten.
0.48s	Betty bespricht Fluchtwege mit Fluchthelfer.
0.45s	Zurück in Schule. Moody schlägt auf Betty ein, Frauen gucken tatenlos zu. Fahrt nach Hause.
1.03s	Betty läuft davon, telefoniert mit Botschafterin.
1.41s	Mahtab in Schule. Betty kommt mit Botschafterin, um Mahtab zu holen. Versuch scheitert. Moody holt sie ab.
0.24s	Betty bringt Mahtab zu Bett.
4.14s	Betty, Moody, Mahtab beim Essen. Moody packt Mahtabs Sachen, nimmt sie mit und sperrt Betty ein. Mondsichel. Moody fragt Mahtab aus. Moody bringt Betty Essen und verläßt sie wieder. Vollmond. Bombeneinschlag bei Betty. Moddy kommt mit Mahtab. Umarmung.

7. Sequenz: konkrete Fluchtvorbereitungen

0.55s	6 Monate später. Mahtabs Geburtstagsfeier mit gesamter Familie.

1.45s	Betty bringt Mahtab zur Schule, steigt in Wagen der Flucht-helferin. Bei Fluchthelfer zu Hause. Fluchtbesprechung. Gespräch über Paradies.
0.26s	Weihnachtsfeier mit Familie.
0.25s	Gespräch mit Fluchthelfer auf Straße. Flug ist gebucht.
0.49s	In Moodys Praxis. Betty telefoniert mit Mutter. Vater krank. Moody wünscht, daß sie Vater besucht.
1.13s	Abendessen. Gespräch zwischen Betty und Moody. Streit. Sie soll alleine fliegen.
1.25s	Gespräch mit Fluchthelfer im Wagen. Militär ergreift Kinder auf der Straße.
1.01s	Betty kommt nach Hause. Moody wartet auf sie. Er hat Flug gebucht.
1.57s	1 Tag vor Bettys Abreise verabschiedet sich Familie. Anruf, Moody muß ins Krankenhaus. Betty bleibt mit Frauen zurück. Vor dem Fernseher. Betty geht mit Mahtab unter dem Vorwand, einkaufen zu müssen.

8. Sequenz: Flucht

0.58s	Flucht mit Mahtab durch Straßen. Telefonat mit Fluchthelferin.
3.29s	Bei Fluchthelferin ruft Betty Moody an. Moody zu Hause, umringt von aufgeregter Familie. Betty bricht auf. Fluchthelfer erklärt Flucht. Verabschiedung.
2.11s	Flucht aus Teheran bei Nacht. Umsteigen in anders Auto. Paßkontrolle.
2.53s	Bei Tag im Gebirge. Umsteigen in anderes Auto. Im Haus von Einheimischen. Betty soll sich umziehen. Mann nimmt Paß und Schmuck ab. Weiterfahrt. Schüsse. Paßkontrolle.

3.25s	Übernachten in Hütte. Vergewaltigungsversuch von einem der Männer. Streit zwischen Männern. Weiterfahrt bei Nacht. Vorbeischleichen an Grenzkontrolle.
2.01s	Am Tage. Betty und Mahtab hocken bei Sturm im Gebüsch und warten. Weiterreise auf Pferd. Umsteigen in Auto. Begleiter auf Pferd übergibt Paket und reitet davon.
1.11s	Betty in leerer Straße in türkischem Ort, sieht amerikanische Botschaft mit Flagge.
0.10s	Standbild mit Text: „Am 9. Februar 1986 kehrt Betty und ihre Tochter zurück in die Vereinigten Staaten."
3.09s	Abspann

Bibliographie

Abrams, Dominic; Hogg, Michael A. (Hg.) (1990): Social identity theory. Constructive and critical advances. Harvester Wheatsheaf: London.

Adorno, Th. W.; Frenkel-Brunswik, Else; Lewinson, Daniel J.; Sansford, R. Nevitt (1950): The Authoritarian Personality. S. H. Harper: New York.

Agozino, Biko (Hg.) (2000): Theoretical and methodological issues in migration research: interdisciplinary, intergenerational and international perspectives. Ashgate Publishing: Vermont.

Agozino, Biko (2000): Beware of Strangers: The Myth that Immigrants are most likely to be Deviants. In: ders. (Hg.) (2000): Theoretical and methodological issues in migration research: interdisciplinary, intergenerational and international perspectives. Ashgate Publishing: Vermont. S. 145-166.

Albrecht, Corinna (1997): Der Begriff der, die, das Fremde. Zum wissenschaftlichen Umgang mit dem Thema Fremde. Ein Beitrag zur Klärung einer Kategorie. In: Bizeul, Yves; Bliesener, Ulrich; Prawda, Marek (Hg.) (1997): Vom Umgang mit dem Fremden. Beltz Verlag: Weinheim, Basel.

Allport, Gordon W. (1971): Die Natur des Vorurteils. Kiepenheuer & Witsch: Köln.

Anderson, Benedict (1998): Die Erfindung der Nation. Zur Karriere eines erfolgreichen Konzepts. Ullstein: Berlin.

Ang, Ien (1985): Watching Dallas. Soap opera and the melodramatic. Methuen: London.

Appadurai, Arjun (1990): Disjuncture and Difference in the Global Cultural Economy. In: Featherstone, Mike (Hg.) (1990): Global culture: nationalism, globalization and modernity. Sage Publications Ltd.: London, Newbury Park, New Delhi. S. 295-310.

Arnold Coster, Janeen; Bamossy, Garry J. (Hg.) (1995): Marketing in a Multicultural World. Sage Publications Inc.: London.

Ashkenasi, Abraham (1990): Nationalism and National Identity. Verlag Das Arabische Buch: Berlin.

Atteslander, Peter (Hg.) (1993): Kulturelle Eigenentwicklung: Perspektiven einer neuen Entwicklungspolitik. Campus Verlag: Frankfurt/Main, New York.

Augé, Marc (1995): Krise der Identität oder Krise des Anderssein? Die Beziehung zum Anderen in Europa. In: Kaschuba, Wolfgang (Hg.) (1995): Kulturen-Identitäten-Diskurse: Perspektiven europäischer Ethnologie. Akademie Verlag GmbH: Berlin. S. 85-99.

Austin, William G.; Worchel, Stephen (Hg.) (1979): The social psychology of intergroup relation. Brooks/Cole Publishing Company: Monterey, California.

Axtman, Roland (1997): Collective Identity and the Democratic Nation-State in the Age of Globalization. In: Cvetkovich, Ann; Kellner, Douglas (Hg.) (1997): Articulating the global and the local. Westview Press: Boulder (Colorado), Comnor Hill (Oxford). S. 33-54.

Balla, Bálint; Sterbling, Anton (Hg.) (1998): Ethnicity, Nation, Culture: Central and East European Perspectives. Verlag Dr. R. Krämer: Hamburg.

Bar-Tal, Daniel; Graumann, Carl F.; Kruglanski, Arie W.; Stroebe, Wolfgang (Hg.) (1989): Stereotyping and Prejudice. Changing Conceptions. Springer-Verlag: New York, Berlin, Heidelberg.

Barth, Fredrik (Hg.) (1969): Ethnic groups and boundaries. The social organization of culture difference. Johansen & Nielsen Boktrykkeri: Oslo.

Barth, Fredrik (1969): Introduction. In: ders. (Hg.) (1969): Ethnic groups and boundaries. The social organization of culture difference. Johansen & Nielsen Boktrykkeri: Oslo. S. 9-38.

Bausinger, Hermann (1988): Name und Stereotyp. In: Gerndt, Helge (Hg.) (1988): Stereotypenvorstellungen im Alltag. Beiträge zum Themenkreis Fremdbilder - Selbstbilder - Identität. Festschrift für

Georg R. Schroubek zum 65. Geburtstag. Münchener Vereinigung für Volkskunde: München. S. 13-19.

Bausinger, Hermann (1995): Jenseits des Eigensinns: Kulturelle Nivellierung als Chance. In: Kaschuba, Wolfgang (Hg.) (1995): Kulturen-Identitäten-Diskurse: Perspektiven europäischer Ethnologie. Akademie Verlag GmbH: Berlin. S. 229-245.

Becker, Jürgen; Rehbinder, Manfred (Hg.) (1989): Europäische Coproduktion in Film und Fernsehen. II. Münchener Symposium zum Film- und Medienrecht. Nomos Verlagsgesellschaft: Baden-Baden.

Beindorf, Claudia (1996): „Sie tanzte nur einen Sommer". Konstruktion und Rezeption von Stereotypen. Humboldt-Universität zu Berlin: Berlin.

Bendix, Reinhard (1991): Strukturgeschichtliche Voraussetzungen der nationalen und kulturellen Identität in der Neuzeit. In: Giesen, Bernhard (Hg.) (1991): Nationale und kulturelle Identitäten: Studien zur Entwicklung des kollektiven Bewußtseins in der Neuzeit. Suhrkamp Verlag: Frankfurt/Main. S. 39-55.

Berg, Jan; Hickethier, Knut (Hg.) (1994): Filmproduktion, Filmförderung, Filmfinanzierung. Edition Sigma: Berlin.

Berkowitz, Leonard (1962): Aggression: a social psychological analysis. Mc Graw-Hill: New York.

Berkowitz, Leonard; Green, J. A. (1962): The stimulus qualities of the target of aggression: a further study. In: Journal of Personality and Social Psychology, Bd. 5. S. 364-368.

Bird, Jon; Curtis, Barry; Putnam, Tim; Robertson, George; Tickner, Lisa (1993): Mapping the Futures. Local Cultures, Global Change. Routledge: London, New York.

Bizeul, Yves; Bliesener, Ulrich; Prawda, Marek (Hg.) (1997): Vom Umgang mit dem Fremden. Hintergrund-Definitionen-Vorschläge. Beltz Verlag: Weinheim, Basel.

Blümlinger, Christa (Hg.) (1990): Sprung im Spiegel. Filmisches Wahrnehmen zwischen Fiktion und Wirklichkeit. Sonderzahl Verlagsgesellschaft mbH: Wien.

Bordwell, David (1985): Narration in the Fiction Film. Routledge: London.

Bordwell, David (1989): Making Meaning. Inference and Rhetoric in the Interpretation of Ci-nema. Harvard University Press: Cambridge, Massachusetts, London.

Bordwell, David (1992): Narrative Comprehension and Film. Routledge: London.

Bordwell, David; Thompson, Kristin (1997): Film Art. An Introduction. Fifth Edition. McGraw-Hill Companies: New York.

Bortz, Jürgen; Döring, Nicola (1995): Forschungsmethoden und Evaluation. Springer Verlag: Berlin, Heidelberg, New York, Barcelona, Hongkong, London, Mailand, Paris.

Branigan, Edward (1992): Narrative Comprehension and Film. Routledge: London.

Brockhaus, der Neue (1962) Wiesbaden. Bd. 5.

Brockhaus Enzyklopädie in vierundzwanzig Bänden (1990). Neunzehnte völlig neu überarbeitete Auflage. F. A. Brockhaus GmbH: Mannheim.

Çaglar, Ayse (1990): The Prison House of Culture in the Studies of Turks in Germany. Sozialanthropologisches Arbeitspapier Nr. 31. Verlag Das Arabische Buch: Berlin.

Çaglar, Ayse (1995): Mac Döner - Döner Kebab and the Social Positioning. In: Arnold Coster, Janeen; Bamossy, Garry J. (Hg.) (1995): Marketing in a Multicultural World. Sage Publications Inc.: London. S. 209-230.

Charlton, Michael; Neumann, Klaus (1990): Medienrezeption und Identitätsbildung. Kulturpsychologische und kultursoziologische Befunde zum Gebrauch von Massenmedien im Vorschulalter. Gunter Narr Verlag: Tübingen.

Charlton, Michael; Schneider, Silvia (Hg.) (1997): Rezeptionsforschung: Theorien und Untersuchungen zum Umgang mit Massenmedien. Westdeutscher Verlag GmbH: Opladen.

Charlton, Michael (1997): Rezeptionsforschung als Aufgabe einer interdisziplinären Medienwissenschaft. In: Charlton, Michael; Schneider, Silvia (Hg.) (1997): Rezeptionsforschung: Theorien und Untersuchungen zum Umgang mit Massenmedien. Westdeutscher Verlag GmbH: Opladen. S. 16-39.

Condor, Susan (1990): Social stereotypes and social identity. In: Abrams, Dominic; Hogg, Michael A. (Hg.) (1990): Social identity theory. Constructive and critical advances. Harvester Wheatsheaf: London. S. 230-249.

Cripps, Thomas (1977): Slow Fade to Black. The Negro in American Film 1900-1942. Oxford University Press: London, Oxford, New York.

Cvetkovich, Ann; Kellner, Douglas (Hg.) (1997): Articulating the global and the local. Westview Press: Boulder (Colorado), Cumnor Hill (Oxford).

Cvetkovich, Ann; Kellner, Douglas (1997): Introduction: Thinking Global and Local. In: ders. (Hg.) (1997): Articulating the global and the local. Westview Press: Boulder (Colorado), Cumnor Hill (Oxford). S. 1-32.

Daniel, Valentine; Peck, J. (Hg.) (1996): Culture/Contexture. Explorations in anthropology and literary studies. University of California Press: Berkeley.

Degenhardt, Sven (1999): Darstellung von Lebensperspektiven: Rollenmuster sehgeschädigter Menschen in Spielfilmen. In: Warzecha, Birgit (Hg.) (1999): Medien und gesellschaftliche Stigmatisierungsprozesse. LIT Verlag: Hamburg. S. 57-88.

De la Gorgendière, Louise; King, Kenneth; Vaughan, Sarah (Hg.) (1996): Ethnicity in Africa. Centre of African Studies: Edinburgh.

Dettmar, Erika (1989): Rassismus, Vorurteile, Kommunikation: afrikanisch-europäische Begegnungen in Hamburg. Dietrich Reimer Verlag: Berlin, Hamburg.

Diawara, Manthia (1992): African Cinema. Politics and Culture. Indiana University Press: Bloomington, Indianapolis.

Dollard, John; Doob, Leonhard W.; Miller, Neal E.; Mower, O. H.; Sears, Robert S. (1939): Frustration and Aggression. CT: Yale University Press: New Haven.

Drosdowski, Günther (Hg.) (1994): Duden: Das große Fremdwörterbuch. Dudenverlag: Mannheim, Leipzig, Wien, Zürich.

Drummond, P.; Paterson, R. (Hg.) (1988): Television and its Audience. British Film Institute: London.

Durkheim, Émile (1895): What Is a Social Fact? In: McGee, Jon; Warms, Richard L. (1996): Anthropological Theory. An Introductory History. Mayfield Publishing Company: Moutainview (California), London, Toronto. S. 85-92.

Dyer, Richard (1986): Heavenly Bodies. Film Stars and Society. St. Martin's Press: New York.

Dyer, Richard; Vincendeau, Ginette (Hg.) (1992): Popular European Cinema. Routledge: London, New York.

Dyer, Richard (1995): ...und es werde Licht! Weiß-Sehen. In: Gutberlet, Marie-Hélène; Metzler, Hans-Peter (Hg.) (1997): Afrikanisches Kino. Horlemann: Unke/Rhein, Bad Honnef.

Eco, Umberto (1979): The role of the reader: Explorations in the semiotics of texts. Indiana University Press: Bloomington.

Eisenstadt, Shmuel Noah (1991): Die Konstruktion nationaler Identitäten in vergleichender Perspektive. In: Giesen, Bernhard (Hg.) (1991): Nationale und kulturelle Identitäten: Studien zur Entwicklung des kollektiven Bewußtseins in der Neuzeit. Suhrkamp Verlag: Frankfurt/Main. S. 21-38.

Elwert, Georg (1989): Nationalismus, Ethnizität und Nativismus - Über die Bildung von Wir-Gruppen. In: Elwert, Georg; Waldmann, Peter (Hg.) (1989): Ethnizität im Wandel. Breitenbach: Saarbrücken, Fort Lauderdale. S. 21-60.

Elwert, Georg; Waldmann, Peter (Hg.) (1989): Ethnizität im Wandel. Breitenbach: Saarbrücken, Fort Lauderdale.

Elwert, Georg (1996): Kulturbegriffe und Entwicklungspolitik - über „soziokulturelle Bedingungen der Entwicklung". In: Elwert, Georg; Jensen, Jürgen; Kortt, Ivan R. (Hg.) (1996): Kulturen und Innovationen. Festschrift für Wolfgang Rudolph. Dunker & Humblot: Berlin. S. 51-87.

Elwert, Georg; Jensen, Jürgen; Kortt, Ivan R. (Hg.) (1996): Kulturen und Innovationen. Festschrift für Wolfgang Rudolph. Dunker & Humblot: Berlin.

Erdheim, Mario (1992): Das Eigene und das Fremde. Ethnizität, kulturelle Unverträglichkeit und Anziehung. In: Haase, Helga (Hg.) (1996): Ethnopsychoanalyse: Wanderungen zwischen den Welten. Verlag Internat. Psychoanalyse: Stuttgart. S. 173-192.

Erdheim, Mario (1993): Die gesellschaftliche Produktion von Unbewußtheit als Quelle inter- kultureller Konflikte. In: Atteslander, Peter (Hg.) (1993): Kulturelle Eigenentwicklung: Perspektiven einer neuen Entwicklungspolitik. Campus Verlag: Frankfurt/Main, New York. S. 86-100.

Eriksen, Thomas Hylland (1993): Ethnicity and Nationalism. Anthropological Perspectives. Pluto Press: London.

Esser, Hartmut; Friedrichs, Jürgen (Hg.) (1990): Generation und Identität: theoretische und empirische Beiträge zur Migrationssoziologie. Westdeutscher Verlag GmbH: Opalden.

Esser, Hartmut; Friedrichs, Jürgen (1990): Einleitung. In: ders. (Hg.) (1990): Generation und Identität: theoretische und empirische Beiträge zur Migrationssoziologie. Westdeutscher Verlag GmbH: Opalden. S. 11-24.

147

European Commission (1998): The European Union in a changing world. Brüssel.

Evangelische Akademie Arnoldshain (Hg.) (1992): Filmmythos Volk. Zur Produktion kollektiver Identität im Film. Arnoldshainer Filmgespräche. Bd. 9. Gemeinschaftswerk der Evangelischen Publizistik e. V.: Frankfurt/Main.

Falcke, Eberhard (1991): Arme Betty, böser Perser. Film als Rache: „Nicht ohne meine Tochter". In: Süddeutsche Zeitung, 16.4.1991.

Featherstone, Mike (Hg.) (1990): Global culture: nationalism, globalization and modernity. Sage Publications Ltd.: London, Newbury Park, New Delhi.

Featherstone, Mike (1990): Global Culture: An Introduction. In: ders. (Hg.) (1990): Global culture: nationalism, globalization and modernity. Sage Publications Ltd.: London, Newbury Park, New Delhi. S. 1-14.

Finney, Angus (1993): A Dose Of Reality. The State Of European Cinema. Screen International. Vistas Verlag GmbH: London.

Frenzel, Dirk (1999): Kulturelle Eye-dentity. Die Kulturpolitik der EU am Beispiel der Filmförderung. Peter Lang GmbH: Frankfurt/Main, Berlin, Bern, Brüssel, New York, Wien.

Freunde der deutschen Kinemathek e. V. (Hg.) (1995): „Kann denn Lüge Wahrheit sein?". Heft 87. Movimento network GmbH: Berlin.

Fuchs, Dieter; Gerhards, Jürgen; Roller, Edeltraud (1993): Wir und die Anderen. „Imagined commuities" im westeuropäischen Vergleich. Wissenschaftszentrum Berlin für Sozialforschung: Berlin.

Gangloff, Tilmann P.; Abarbanell, Stephan (Hg.) (1994): Liebe, Tod und Lottozahlen. Fernsehen in Deutschland: Wer macht es? Wie wirkt es? Was bringt es? Steinkopf: Hamburg, Stuttgart.

Ganguli, Keya (1992): Migrant Identities: Personal Memory and the Construction of Selfhood. In: Cultural Studies, Bd. 6 Nr. 1. S. 27-50.

Gatziano, C. (1983): The knowledge gap: Analytical Review of media effects. In: Communication Research, Bd. 10. S. 447-486.

Geertz, Clifford (1973): Deep Play: Notes on the Balinese Cockfight. In: McGee, Jon; Warms, Richard L. (1996): Anthropological Theory. An Introductory History. Mayfield Publishing Company: Moutainview, California, London, Toronto. S. 459-479.

Geertz, Clifford (1983): Dichte Beschreibung. Beiträge zum Verstehen kultureller Systeme. Suhrkamp Taschenbuch: Frankfurt/Main.

Genscher, Hans Dietrich (1996): Greater Europe. In: European Commission (1998): The European Union in a changing world. Brüssel.

Gerbner, George; Gross, Larry; Signorelly, Nancy; Morgan, Michael (1980): Aging with television: Images on Television Dramas and Conceptions of Social Reality. In: Journal of Communication, Bd. 30. S. 37-47.

Gerbner, George; Gross, Larry; Signorelly, Nancy; Morgan, Michael (1984): Political Correlates of Television Viewing. In: Public Opinion Quarterly, Bd. 48. S. 283-300.

Gerndt, Helge (Hg.) (1988): Stereotypenvorstellungen im Alltag. Beiträge zum Themenkreis Fremdbilder - Selbstbilder - Identität. Festschrift für Georg R. Schroubek zum 65. Geburtstag. Münchener Vereinigung für Volkskunde: München.

Gerndt, Helge (1988): Zur kulturwissenschaftlichen Stereotypenforschung. In: ders. (Hg.) (1988): Stereotypenvorstellungen im Alltag. Beiträge zum Themenkreis Fremdbilder - Selbstbilder - Identität. Festschrift für Georg R. Schroubek zum 65. Geburtstag. Münchener Vereinigung für Volkskunde: München. S. 9-12.

Giddens, Anthony (1990): The Consequences of Modernity. Polity Press: Cambridge.

Giesen, Bernhard (Hg.) (1991): Nationale und kulturelle Identitäten: Studien zur Entwicklung des kollektiven Bewußtseins in der Neuzeit. Suhrkamp Verlag: Frankfurt/Main.

Göktürk, Deniz (1998): Künstler, Cowboys, Ingenieure... Kultur- und me-
diengeschichtliche Studien zu deutschen Amerika-Texten 1912-1920.
Wilhelm Fink Verlag: München.

Göktürk, Deniz (1999): Turkish delight - German fright. Migrant Identities in Transnational Cinema. School of Modern Languages. University of Southampton: Southampton.

Goetsch, Paul (1997): Der unsichtbare Feind im Vietnam-Film. Zum Problem der Sympathielenkung. In: Charlton, Michael; Schneider, Silvia
(Hg.) (1997): Rezeptionsforschung: Theorien und Untersuchungen
zum Umgang mit Massenmedien. Westdeutscher Verlag GmbH:
Opladen.

Gombrich, Ernst H. (1969): The Evidence of Images. The Varability of Vi-
sion. The Priority of Context over Expression. In: Singleton, Charles
S. (Hg.) (1969): Interpretation. Theory and Practice. John Hopkins
Press: Baltimore.

Gombrich, Ernst H.; Hochberg, Julian; Black, Max (Hg.) (1973): Art, Perception and Reality. John Hopkins Press: Baltimore.

Gombrich, Ernst H. (1984): Bild und Auge. Neue Studien zur Psychologie
der bildlichen Darstellung. Klett-Cotta: Stuttgart.

Grant, Peter R. (1991): Ethnocentrism between groups of unequal power
under threat in intergroup competition. In: Journal of Social Psychology, Bd. 131. S. 21-28.

Gredig, Daniel (1994): Dekadent und gefährlich. Eine Untersuchung zur
Struktur von Stereotypen gegenüber sozialen Randgruppen. Deutscher Studien Verlag: Weinheim.

Gropp, Rose-Maria (1991): Ein amerikanischer Pullover und das Böse
schlechthin. Der Film zum Buch: „Nicht ohne meine Tochter" im
Kino. In: Frankfurter Allgemeine Zeitung, 15.4.1991.

Guidelines SOURCES 1 / April 1993. Introduction. Amsterdam 1993.

Gurr, T. Robert (1970): Why men rebel. Princeton University Press:
Princeton, New Jersey.

Gutberlet, Marie-Hélène; Metzler, Hans-Peter (Hg.) (1997): Afrikanisches Kino. Horlemann: Unkel/Rhein, Bad Honnef.

Haase, Helga (Hg.) (1996): Ethnopsychoanalyse: Wanderungen zwischen den Welten. Verlag Internat. Psychoanalyse: Stuttgart.

Hall, Stuart; Honson, D.; Lowe, A.; Willis, P. (Hg.) (1980): Culture, media, language. University of Birmingham Press: London.

Hall, Stuart (1980): Encoding/decoding. In: Hall, S.; Honson, D.; Lowe, A.; Willis, P. (Hg.) (1980): Culture, media, language. University of Birmingham Press: London. S. 128-138.

Hall, Stuart (1991): The Local and the Global: Globalization and Ethnicity. In: King, Anthony D. (Hg.) (1991): Culture, Globalization and the World System. Contemporary Conditions for the Representation of Identity. Macmillan Education Ltd.: London. S. 19-40.

Hall, Stuart (1991): Old and New Identities, Old and New Ethnicities. In: King, Anthony D. (Hg.) (1991): Culture, Globalization and the World System. Contemporary Conditions for the Representation of Identity. Macmillan Education Ltd.: London. S. 41-68.

Han, Petrus (2000): Soziologie der Migration:Erklärungsmodelle, Fakten, Politische Konsequenzen, Perpektiven. Lucius & Lucius: Stuttgart.

Hanisch, Michael (1995): Polen und Deutsche - Deutsche und Polen. Eine schwierige Nachbarschaft - gestern wie heute. In: Freunde der deutschen Kinemathek e. V. (Hg.) (1995): „Kann denn Lüge Wahrheit sein?". Heft 87. Movimento network GmbH: Berlin. S. 11-17.

Hanck, Frauke (1991): Der Film zum Buch: „Nicht ohne meine Tochter". Wo die Barbaren Peitschen schwingen. In: Die Welt, 10.4.1991.

Hannerz, Ulf (1991): Scenarios for Peripheral Cultures. In: King, Anthony D. (Hg.) (1991): Culture, Globalization and the World System. Contemporary Conditions for the Representation of Identity. Macmillan Education Ltd.: London. S. 107-128.

Hannerz, Ulf (1992): Cultural Complexity. Studies in the Social Organization of Meaning. Columbia University Press: New York.

Haus der Kulturen der Welt (1993): Filmwelt Afrika. Retrospektive des panafrikanischen Filmfestivals FESPACO in Ouagadougou, Burkina Faso. MovimentoDruck: Berlin.

Hengst, Heinz (1997): Intertextualität, Mediengewalt und die Konstruktion schützender Rahmen. In: Charlton, Michael; Schneider, Silvia (Hg.) (1997): Rezeptionsforschung: Theorien und Untersuchungen zum Umgang mit Massenmedien. Westdeutscher Verlag GmbH: Opladen. S. 157-169.

Heuberger, Valeria; Suppan, Arnold; Vyslonzil, Elisabeth (Hg.) (1999): Das Bild vom Anderen: Identitäten, Mentalitäten, Mythen und Stereotypen in multiethnischen europäischen Regionen. Peter Lang GmbH: Frankfurt/Main, Berlin, Bern, New York, Paris, Wien.

Hickethier, Knut (1995): Zwischen Abwehr und Umarmung. Die Konstruktion des anderen in Filmen. In: Karpf, Ernst (Hg.) (1995): „Getürkte Bilder": Zur Inszenierung von Fremden im Film. Arnoldshainer Filmgespräche Bd. 12. Schüren Presseverlag: Marburg.

Hill, Paul B.; Schnell, Rainer (1990): Was ist Identität. In: Esser, Hartmut; Friedrichs, Jürgen (Hg.) (1990): Generation und Identität: theoretische und empirische Beiträge zur Migrationssoziologie. Westdeutscher Verlag GmbH: Opalden. S. 25-42.

Hochberg, Julian (1973): The representation of things. In: Gombrich, Ernst H.; Hochberg, Julian; Black, Max (Hg.) (1973): Art, Perception and Reality. John Hopkins Press: Baltimore. S. 47- 94.

Hofstätter, Peter R. (1949): Die Psychologie der öffentlichen Meinung. Wilhelm Braumüller Universitäts-Verlagsbuchhandlung GmbH: Wien.

Institut für Migrations- und Rassismusforschung e. V. (Hg.) Kalpaka, Annita; Räthzel, Nora (Redaktion) (1992): Rassismus und Migration in Europa. Argument-Verlag: Hamburg.

Irmscher, Johannes (1996): Kulturbegriff - Ursprünge und Entwicklung. Sitzungsberichte der Leibniz-Sozietät. Bd.10, Heft 1/2. Leibniz-Sozietät e.V. – Velten. Becker: Berlin.

Jeismann, Michael (2000): Die Mutter aller Blenden. So wird der Wahn zu Wirklichkeiten: Wie Völker sich im Film erfinden. In: Frankfurter Allgemeine Zeitung. 6.3.2000.

Jenkins, Richard (1997): Rethinking Ethnicity. Arguments and Explorations. Sage Publications Ltd.: London, Thousands Oaks. New Delhi.

Kaase, Max; Schulz, Winfried (Hg.) (1989): Massenkommunikation. Sonderheft der Kölner Zeitschrift für Soziologie und Sozialpsychologie. Westdeutscher Verlag GmbH: Opladen.

Kagelmann, Jürgen H.; Wenniger, Gerd (Hg.) (1982): Medienpsychologie. Urban und Schwarzenberg: München, Wien, Baltimore.

Karpf, Ernst (Hg.) Arnoldshainer Filmgespräche (1995): „Getürkte Bilder". Zur Inszenierung von Fremden im Film. Bd. 12. Schüren Presseverlag: Marburg.

Kaschuba, Wolfgang (Hg.) (1995): Kulturen-Identitäten-Diskurse: Perspektiven europäischer Ethnologie. Akademie Verlag GmbH: Berlin.

Kaschuba, Wolfgang (1995): Kulturalismus: Vom Verschwinden des Sozialen im gesellschaftlichen Diskurs. In: ders. (Hg.) (1995): Kulturen-Identitäten-Diskurse: Perspektiven europäischer Ethnologie. Akademie Verlag GmbH: Berlin. S. 11-30.

Katz, D.; Braly, K. W. (1933): Racial stereotypes of 100 college students. In: Journal of Abnormal and Social Psychology, Bd. 28. S. 280-290.

Kijowski, Janusz (1995): Alte Mythen - Neue Stereotypen. In: Freunde der deutschen Kinemathek e. V. (Hg.) (1995): „Kann denn Lüge Wahrheit sein?". Heft 87. Movimento network GmbH: Berlin. S. 7-10.

King, Anthony D. (Hg.) (1991): Culture, Globalization and the World System. Contemporary Conditions for the Representation of Identity. Macmillan Education Ltd.: London.

King, Anthony D. (1991): Introduction: Spaces of Culture, Spaces of Knowledge. In: ders. (Hg.) (1991): Culture, Globalization and the World System. Contemporary Conditions for the Representation of Identity. Macmillan Education Ltd.: London. S. 1-18.

Kinyanjui, Wanjiru (1993): Ouagadougou 1993 - Über Filme und Dörfer. In: Haus der Kulturen der Welt (Hg.) (1993): Filmwelt Afrika. Retrospektive des panafrikanischen Filmfestivals FESPACO in Ouagadougou, Burkina Faso. MovimentoDruck: Berlin. S.17-22.

Klineberg, Otto (1951): The scientific study of national stereotypes. In: International Social Science Bulletin, Bd. 3. S. 505-515.

Koebner, Thomas; Pickerodt, Gerhardt (1987): Die andere Welt. Studien zum Exotismus. Athenäum Verlag GmbH: Frankfurt/Main.

Körte, Peter (1991): Verständnislose Bemerkungen ...anläßlich der Verfilmung von „Nicht ohne meine Tochter". In: Frankfurter Rundschau, 16.4.1991.

Kohl, Karl-Heinz (1986): Entzauberter Blick. Das Bild vom Guten Wilden. Suhrkamp Verlag: Frankfurt/Main.

Kommission der Europäischen Gemeinschaften, MEDIA (1998): Richtlinien zur Einreichung von Anträgen auf finanzielle Förderung durch die Gemeinschaft im Bereich der Aus- und Weiterbildung (MEDIA II) 2/98. Brüssel.

Kottlorz, Peter (1993): Fernsehmoral. Ethische Strukturen fiktionaler Fernsehunterhaltung. Wissenschaftsverlag Volker Spiess GmbH: Berlin.

Kristeva, Julia (1990): Fremde sind wir uns selbst. Suhrkamp Verlag: Frankfurt/Main.

Kroeber, A. L.; Kluckhohn, C. (1952): Culture - A critical review of concepts and definitions. Vinhage: Cambridge.

Krotz, Friedrich (1997): Kontexte des Verstehens audiovisueller Kommunikate. Das sozial positionierte Subjekt der Cultural Studies und die kommunikativ konstruierte Identität des Symbolischen Interaktionismus. In: Charlton, Michael; Schneider, Silvia (Hg.) (1997): Rezeptionsforschung. Theorien und Untersuchungen zum Umgang mit Massenmedien. Westdeutscher Verlag GmbH: Opladen. S. 73-91.

Künsting, Sabine (1988): Von Schwarzenstereotypen im Alltag und den fehlenden Strategien, sie auch dort zurückzudrängen, wo es Interesse gibt, ihren Erhalt zu fördern. In: Gerndt, Helge (Hg.) (1988): Stereotypenvorstellungen im Alltag. Beiträge zum Themenkreis Fremdbilder - Selbstbilder - Identität. Festschrift für Georg R. Schroubek zum 65. Geburtstag. Münchener Vereinigung für Volkskunde: München. S. 149-162.

Laatz, Wilfried (1993): Empirische Methoden. Ein Lehrbuch für Sozialwissenschaftler. Verlag Harri Deutsch: Thun, Frankfurt/Main.

Lang, Stefanie (Hg.) (1997): Kulturelle Identität, soziale Netzwerke und Kognition. Deutscher Universitäts-Verlag: Wiesbaden.

Lang, Stefanie (1997): Einleitung: Soziale Netzwerke, Kognition und kulturelle Identität. In: ders. (Hg.) (1997): Kulturelle Identität, soziale Netzwerke und Kognition. Deutscher Universitäts-Verlag: Wiesbaden. S. 1-10.

Larrain, Jorge (1994): Ideology & Cultural Identity. Modernity and the Third World Presence. Polity Press: Cambridge.

Layes, Gabriel (2000): Grundformen des Fremderlebens. Eine Analyse von Handlungsorientierungen in der interkulturellen Interaktion. Waxmann: Münster, New York, München, Berlin.

Leab, Daniel, J. (1975): From Sambo to Superspade. The Black Experience in Motion Picture. Houghton Mifflin Company: Boston.

Lehtonen, Jaakko (1991): The Role of National Stereotypes in Intercultural Communication. In: Slembek, Edith (Hg.) (1991): Culture and Communication. Verlag für Interkulturelle Kommunikation: Frankfurt/Main. S. 175-183.

Lévi-Strauss (1963): Structural Analysis in Linguistics and in Anthropology. In: McGee, Jon; Warms, Richard L. (1996): Anthropological Theory. An Introductory History. Mayfield Publishing Company: Moutainview, California, London, Toronto. S. 312-326.

Liebes, Tamara; Katz, Elihu (1991): The Export of Meaning: Cross-Cultural Readings of Dallas. Oxford University Press: Oxford.

Lilli, Waldemar (1982): Grundlagen der Stereotypisierung. Verlag für Psychologie: Göttingen, Toronto, Zürich.

Lindner, Rolf (1995): Kulturtransfer. Zum Verhältnis von Alltags-, Medien- und Wissenschaftskultur. In: Kaschuba, Wolfgang (Hg.) (1995): Kulturen-Identitäten-Diskurse: Perspektiven europäischer Ethnologie. Akademie Verlag GmbH: Berlin. S. 31-44.

Lippmann, Walter (1964): Die Öffentliche Meinung. Rütten und Loening: München.

Livingstone, Sonia (1998): Making Sense of Television. The psychology of audience interpretation. Routledge: London, New York.

Lowry, Stephen; Korte, Helmut (2000): Der Filmstar: Brigitte Bardot, Götz George, Heinz Rühmann, Romy Schneider, Hanna Schygulla und neuere Stars. Verlag J. B. Metzler: Stuttgart, Weimar.

Lüth, Christoph; Keck, Rudolph W.; Wiersing, Erhard (Hg.) (1997): Der Umgang mit dem Fremden in der Vormoderne. Studien zur Akkulturation in bildungshistorischer Sicht. Böhlau Verlag: Böhlau, Köln, Weimar, Wien.

Macdonald, Sharon (Hg.) (1993): Inside European Identities: ethnography in Western Europe. Berg Publishers Limited: Providence, Oxford.

Macdonald, Sharon (1993): Identity Complexes in Western Europe: Social Anthropological Perspectives. In: Macdonald, Sharon (Hg.) (1993): Inside European Identities: ethnography in Western Europe. Berg Publishers Limited: Providence, Oxford. S. 1-26.

Mapp, Edward (1972): Blacks in American Films: Today and Yesterday. Scarecrow Press: Metuchen, New York.

Mason, Peter (1990): Deconstructing America. Representations of the Other. Routledge: London.

Mast, Claudia (Hg.) (1996): Markt - Macht - Medien: Publizistik im Spannungsfeld zwischen gesellschaftlicher Verantwortung und ökonomischen Zielen. UVK Medien: Konstanz.

McCombs, Maxwell E.; Shaw, Donald L. (1972): The agenda-setting function of the mass media. In: Public Opinion Quarterly, Bd. 36. S. 176-187.

McDonald, Maryon (1993): The Construction of Difference: An Anthropological Approach to Stereotypes. In: Macdonald, Sharon (Hg.) (1993): Inside European Identities: ethnography in Western Europe. Berg Publishers Limited: Providence, Oxford. S. 219-236.

McGee, R. Jon; Warms, Richard L. (1996): Anthropological Theory. An Introductory History. Mayfield Publishing Company: Mountainview, California, London, Toronto.

Mead, George Herbert (1991): Geist, Identität und Gesellschaft aus der Sicht des Sozialbehaviourismus. 8. Auflage. Suhrkamp Verlag: Frankfurt/Main.

Metz, Christian (1972): 1. Phänomenologische Untersuchungen. In: Metz, Christian (1972): Semiologie des Films. Fink Verlag: München. S. 20-50.

Metz, Christian (1972): Semiologie des Films. Fink Verlag: München.

Michaels, Eric (1988): Hollywood iconography: a Walpiri reading. In: Drummond, P.; Paterson, R. (Hg.) (1988): Television and its Audience. British Film Institute: London.

Mitulla, Claudia (1997): Die Barriere im Kopf. Stereotype und Vorurteile bei Kindern gegenüber Ausländern. Leske & Budrich: Opladen.

Morgan, Lewis Henry (1877): Ethnical Periods. In: McGee, Jon; Warms, Richard L. (1996): Anthropological Theory. An Introductory History. Mayfield Publishing Company: Moutainview (California), London, Toronto. S. 41-51.

Morley, David; Robins, Kevin (1995): Spaces of Identity. Global Media, Electronic Landscapes and Cultural Boundaries. Routledge: London, New York.

Nassehi, Armin (1995): Der Fremde als Vertrauter. Soziologische Betrachtungen zur Konstruktion von Identitäten und Differenzen. In: Kölner

Zeitschrift für Soziologie und Sozialpsychologie, Jg. 47, Heft 3. S. 443-463.

Noble, Peter (1970): The Negro in Films. Arno Press: New York.

Noelle-Neumann, Elisabeth (1993): The spiral of silence. University of Chicago Press: Chicago.

Nothnagel, Detlev (1989): Der Fremde im Mythos. Kulturvergleichende Überlegungen zur gesellschaftlichen Konstruktion einer Sozialfigur. Peter Lang Verlag GmbH: Frankfurt/Main.

Ohler, Peter (1994): Kognitive Filmpsychologie. Verarbeitung und mentale Repräsentation narrativer Filme. Maks Publikationen Münster: Münster.

Orywal, Erwin; Hackstein, Katharina (1993): Ethnizität: Die Konstruktion ethnischer Wirklichkeiten. In: Schweizer, Thomas; Schweizer, Margarete; Kokot, Waltraud (Hg.) (1993): Handbuch der Ethnologie. Dietrich Reimer Verlag: Berlin. S. 593-612.

Pines, Jim; Willemen, Paul (Hg.) (1989): Questions of Third Cinema. British Film Institute: Norfolk.

Quasthoff, Uta (1973): Soziales Vorurteil und Kommunikation. Athenäum Verlag GmbH: Frankfurt/Main.

Reinecke, Stefan (1995): Projektive Übermalungen. Zum Bild des Ausländers im deutschen Film. In: Karpf, Ernst (Hg.) (1995): „Getürkte Bilder": Zur Inszenierung von Fremden im Film. Arnoldshainer Filmgespräche Bd. 12. Schüren Presseverlag: Marburg.

Renckstorf, Karsten (1989): Mediennutzung als soziales Handeln. Zur Entwicklung einer handlungstheoretischen Perspektive der empirischen (Massen-) Kommunikationsforschung. In: Kaase, Max; Schulz, Winfried (Hg.) (1989): Massenkommunikation. Sonderheft der Kölner Zeitschrift für Soziologie und Sozialpsychologie. Westdeutscher Verlag GmbH: Opladen. S. 314-336.

Roberts, Donald F.; Bachen, Christine M. (1981): Mass communication effects. In: Annual Review of Psychology, Bd. 32. S. 307-356.

Rössel, Karl (1993): Jenseits von Europa. Eindrücke vom 13. Panafrikanischen Filmfestivals 1993 in Ouagadougou. In: Haus der Kulturen der Welt (Hg.) (1993): Filmwelt Afrika. Retrospektive des panafrikanischen Filmfestivals FESPACO in Ouagadougou, Burkina Faso. MovimentoDruck: Berlin. S. 23-32.

Roosens, Eugeen E. (1989): Creating Ethnicity. The Process of Ethnogenesis. Sage Publications: Newbury Park.

Roth, Klaus (1999): „Bilder in den Köpfen". Stereotypen, Mythen und Identitäten aus ethnologischer Sicht. In: Heuberger, Valeria; Suppan, Arnold; Vyslonzil, Elisabeth (Hg.) (1999): Das Bild vom Anderen: Identitäten, Mentalitäten, Mythen und Stereotypen in multiethnischen europäischen Regionen. Peter Lang GmbH: Frankfurt/Main, Berlin, Bern, New York, Paris, Wien. S. 21-44.

Schäfer, Bernd; Six, Bernd (1978): Sozialpsychologie des Vorurteils. Kohlhammer: Stuttgart.

Schäfer, Horst; Schobert, Walter (Hg.) (1992): Fischer Film Almanach, 1992. Filme, Festivals, Tendenzen. Fischer Taschenbuch Verlag GmbH: Frankfurt/Main.

Schiffauer, Werner (1995): Europäische Ängste - Metaphern und Phantasmen im Diskurs der Neuen Rechten in Europa. In: Kaschuba, Wolfgang (Hg.) (1995): Kulturen-Identitäten-Diskurse: Perspektiven europäischer Ethnologie. Akademie Verlag GmbH: Berlin. S. 45-63.

Schmied-Kowarzik, Wolfdietrich; Dirk Stederoth (Hg.) (1993): Kultur-Theorien. Annäherung an die Vielschichtigkeit von Begriff und Phänomen der Kultur. Kasseler Philosophische Schriften 29: Kassel.

Schnell, Rainer (1990): Dimensionen ethnischer Identität. In: Esser, Hartmut; Friedrichs, Jürgen (Hg.) (1990): Generation und Identität: theoretische und empirische Beiträge zur Migrationssoziologie. Westdeutscher Verlag GmbH: Opalden. S. 43-72.

Schönecker, Leo (1991): Nicht ohne meine Tochter. In: Film-dienst, Jg. 44.

Scholz, Annegret (1997): Kulturelle Identität: Eine kognitionsethnologische Fallstudie in Galicien. In: Lang, Stefanie (Hg.) (1997): Kulturelle Identität, soziale Netzwerke und Kognition. Deutscher Universitäts-Verlag: Wiesbaden. S. 141-166.

Schuhmann, Siegfried (1997): Repräsentative Umfrage. Praxisorientierte Einführung in empirische Methoden und statistische Analyseverfahren. R. Oldenburg Verlag: München, Wien.

Schweinitz, Jörg (Hg.) (1992): Prolog vor dem Film. Nachdenken über ein neues Medium 1909-1914. Reclam-Verlag: Leipzig.

Schweizer, Thomas; Schweizer, Margarete; Kokot, Waltraud (Hg.) (1993): Handbuch der Ethnologie. Dietrich Reimer Verlag: Berlin.

Seago, Dorothy W. (1947): Stereotypes: Before Pearl Habour and after. In: Journal of Psychology, Bd. 23. S. 55-63.

Seyhan, Azade (1996): Ethnic Selves/Ethnic Signs. Invention of Self, Space, and Genealogy in Immigrant Writing. In: Daniel, V.; Peck, J. (Hg.) (1996): Culture / Contexture. University of California Press: Berkeley.

Sherif, M.; Harvey, O. J.; White, B. J.; Hood, W. R.; Sherif, C. W. (1961): Intergroup Conflict and cooperation: The Robbers Cave experiment. University of Oklahoma Book Exchange: Norman.

Uwe Simson (1994): Weltbilder als Entwicklungsdeterminanten. In: Sociologus, Nr. 2.

Singleton, Charles S. (Hg.) (1969): Interpretation. Theory and Practice. John Hopkins Press: Baltimore.

Six, Ulrike (1982): Einstellungen und Vorurteile. In: Kagelmann, Jürgen H.; Wenniger, Gerd (Hg.) (1982): Medienpsychologie. Urban und Schwarzenberg: München, Wien, Baltimore. S. 18-25.

Slembek, Edith (Hg.) (1991): Culture and Communication. Verlag für Interkulturelle Kommunikation: Frankfurt/Main.

Smith, Anthony (1990): Towards a Global Culture. In: Featherstone, Mike (Hg.) (1990): Global culture: nationalism, globalization and modernity. Sage Publications Ltd.: London, Newbury Park, New Delhi. S. 171-192.

Smolicz, Jerzy J. (1998): Multiculturalism as an Over-Arching Framework of Values for Cultural Diversity. The Australian Experience and its Educational Implications. In: Balla, Bálint; Sterbling, Anton (Hg.) (1998): Ethnicity, Nation, Culture: Central and East European Perspectives. Verlag Dr. R. Krämer: Hamburg. S. 267-290.

Stagl, Justin (1993): Der Kreislauf der Kultur. In: Wolfdietrich Schmied-Kowarzik; Dirk Stederoth (Hg.) (1993): Kultur-Theorien. Annäherung an die Vielschichtigkeit von Begriff und Phänomen der Kultur. Kasseler Philosophische Schriften 29: Kassel.

Stroebe, Wolfgang; Insko, Chester A. (1989): Stereotype, Prejudice, and Discrimination: Changing Conceptions in Theory and Research. In: Bar-Tal, Daniel et al. (Hg.) (1989): Stereotyping and Prejudice. Changing Conceptions. Springer-Verlag: New York, Berlin, Heidelberg.

Sumner, W. G. (1906): Folkways: A study of the sociological importance of usages, manners, customs, mores and morals. Ginn: Boston.

Suppan, Arnold (1999): Identitäten und Stereotypen in multiethnischen europäischen Regionen. In: Heuberger, Valeria; Suppan, Arnold; Vyslonzil, Elisabeth (Hg.) (1999): Das Bild vom Anderen: Identitäten, Mentalitäten, Mythen und Stereotypen in multiethnischen europäischen Regionen. Peter Lang GmbH: Frankfurt/Main, Berlin, Bern, New York, Paris, Wien. S. 9-20.

Tajfel, Henri; Turner, John (1979): An integrative theory of intergroup conflict. In: Austin, William G.; Worchel, Stephen (Hg.) (1979): The social psychology of intergroup relation. Brooks/Cole Publishing Company: Monterey, California. S. 33-47.

Tajfel, Henri (1982): Gruppenkonflikt und Vorurteil. Entstehung und Funktion sozialer Stereotypen. Verlag Hans Huber: Bern, Stuttgart, Wien.

Taylor, Donald M.; Moghaddam, Fathali M. (1987): Theories of intergroup relations. International social psychological perspectives. Praeger: New York.

Thelen, Tatjana (1997): Ethnische Identität und soziale Netzwerke: Eine Fallstudie bei Ungarndeutschen. In: Lang, Stefanie (Hg.) (1997): Kulturelle Identität, soziale Netzwerke und Kognition. Deutscher Universitäts-Verlag: Wiesbaden. S. 167-192.

Tichenor, P. J.; Donohue, G. A.; Olien, C. N. (1970): Mass media flow and differential growth of knowledge. In: Public Opinion Quarterly, Bd. 34. S. 159-170.

Tornabene, Francesco (1994): Die Bilder in unseren Köpfen. Wie Stereotype entstehen und den Fernsehalltag prägen. In: Gangloff, Tilmann P.; Abarbanell, Stephan (Hg.) (1994): Liebe, Tod und Lottozahlen. Fernsehen in Deutschland: Wer macht es? Wie wirkt es? Was bringt es? Steinkopf: Hamburg, Stuttgart. S. 56-60.

Turner, Victor (1967): Symbols in Ndembu Ritual. In: McGee, Jon; Warms, Richard L. (1996): Anthropological Theory. An Introductory History. Mayfield Publishing Company: Moutainview (California), London, Toronto. S. 441-458.

Tylor, Sir Edward Burnett (1871): The Science of Culture. In: McGee, Jon; Warms, Richard L. (1996): Anthropological Theory. An Introductory History. Mayfield Publishing Company: Moutainview (California), London, Toronto. S. 26-40.

Wallerstein, Immanuel (1991): The National and the Universal: Can There Such A Thing   as World Culture? In: King, Anthony D. (Hg.) (1991): Culture, Globalization and the World System. Contemporary Conditions for the Representation of Identity. Macmillan Education Ltd.: London. S. 91-108.

Warzecha, Birgit (Hg.) (1999): Medien und gesellschaftliche Stigmatisierungsprozesse. LIT Verlag: Hamburg.

Wasel, Wolfgang (1998): Wir können auch anders. Willentliche Kontrolle stereotypen Denkens. Peter Lang GmbH: Frankfurt/Main.

Wellhöfer, Peter R. (1997): Grundstudium Sozialwissenschaftliche Methoden und Arbeitsweisen. Enke: Stuttgart.

Wenders, Wim (1993): A Dose Of Reality. Introduction From The Chairman Of The European Film Acadamy. In: Finney, Angus (1993): A Dose Of Reality. Vistas Verlag GmbH: London. S. 2-5.

White, E. Frances (1990): Africa on my Mind: Gender, Counter Discourse and African-American-Nationalism. In: Journal of Women's History. Bd. 2 Nr. 1. S. 73-97.

Wierlacher, Alois (Hg.) (1993): Kulturthema Fremdheit. Leitbegriffe und Problemfelder kulturwissenschaftlicher Fremdheitsforschung. Iudicium Verlag GmbH: München.

Wilke, Jürgen (1996): Massenmedien im Spannungsfeld von Grundwerten und Wertkollisionen. In: Mast, Claudia (Hg.) (1996): Markt - Macht - Medien: Publizistik im Spannungsfeld zwischen gesellschaftlicher Verantwortung und ökonomischen Zielen. UVK Medien: Konstanz. S. 17-33.

Winter, Rainer (1997): Vom Widerstand zur kulturellen Reflexivität. Die Jugendstudien der British Cultural Studies. In: Charlton, Michael; Schneider, Silvia (Hg.) (1997): Rezeptionsforschung. Theorien und Untersuchungen zum Umgang mit Massenmedien. Westdeutscher Verlag GmbH: Opladen. S. 59-72.

Zick, Andreas (1997): Vorurteile und Rassismus. Eine sozialpsycholgische Analyse. Waxmann: Münster, New York, München, Berlin.

Verwendete Periodika

Annual Review of Psychology, 1981. Bd. 32.

Communication Research, 1983. Bd.10.

Cultural Studies, 1992. Bd. 6 Nr. 1.

Der Tagesspiegel, 27.1.2001.

Der Tagesspiegel, 22.-28.2000.

Der Spiegel, 29.10.2000.

Der Spiegel, 6.11.2000.

Der Spiegel, 9.11.2000.

Die Welt, 10.4.1991.

Film-dienst, 1991. Jg. 44.

Frankfurter Allgemeine Zeitung, 15.4.1991.

Frankfurter Allgemeine Zeitung, 6.3.2000.

Frankfurter Rundschau, 16.4.1991.

International Social Science Bulletin, 1951. Bd. 3.

Journal of Abnormal and Social Psychology, 1933. Bd. 28.

Journal of Communication, 1980. Bd. 30.

Journal of Personality and Social Psychology, 1962. Bd. 5.

Journal of Psychology, 1947. Bd. 23.

Journal of Social Psychology, 1991. Bd. 131.

Journal of Women's History, 1990. Bd. 2 Nr. 1.

Kölner Zeitschrift für Soziologie und Sozialpsychologie, 1995. Jg. 47, Heft 3.

Public Opinion Quarterly, 1970. Bd. 34.

Public Opinion Quarterly, 1972. Bd. 36.

Public Opinion Quarterly, 1984. Bd. 48.

Sociologus, 1994. Nr. 2.

Süddeutsche Zeitung, 16.4.1991.

Internet-Adressen

http://europa.eu.int/comm/avpolicy/intro/intro_en.htm (The European Commision: Audiovisual Policy. Cinema Journal)

www.alm.de/index2.htm (Arbeitsgemeinschaft Landesmedienanstalten)

www.bsz-bw.de/wwwroot/text/fabioFILM.html (Internet-Adressen für Fernleihe, Dokumentlieferung und Bibliographendienst. Fachbibliographien und Online-Datenbanken, Film)

www.kabel1.de/filmlexikon (Kabel 1, Filmlexikon)

www.mainz-online.de/freizeit/kino/film (Mainz online, u.a. mit umfangreichen Filmlisten)

www.mediasalles.it/yearbook.htm (Media SALLES, European Cinema Yearbook)

www.moviedata.de (Moviedata, populäres Kinoangebot u.a. mit Filmlisten und Starporträts)

www.ingramcontent.com/pod-product-compliance
Lightning Source LLC
Chambersburg PA
CBHW022321280326
41932CB00010B/1181